CERDDI SAUNDERS LEWIS

CERDDI SAUNDERS LEWIS

WEDI EU GOLYGU GAN
R. GERAINT GRUFFYDD

GWASG PRIFYSGOL CYMRU
CAERDYDD
1992

Cyhoeddwyd gyntaf gan Wasg Gregynog yn 1986. Cyhoeddwyd yr argraffiad hwn gan Wasg Prifysgol Cymru yn 1992.

ISBN   0–7083–1155–5   (clawr caled)
       0–7083–1154–7   (clawr papur)

Mae cofnod catalogio'r gyfrol hon ar gael gan y Llyfrgell Brydeinig.

Penddelw Saunders Lewis gan David Esslemont
Cynllun y clawr gan Design Principle, Caerdydd
Cysodwyd yng Nghymru gan Afal, Caerdydd
Argraffwyd yng Nghymru gan Wasg Dinefwr, Llandybïe

Er cof am fy rhieni
Moses a Ceridwen Griffith
a fu'n gyfeillion oes
i Saunders a Margaret Lewis

CYNNWYS

CYFLWYNIAD

ANELWYD yn y gyfrol hon at gyflwyno testun mor gywir ag a oedd modd o holl gerddi cyhoeddedig Saunders Lewis. Dichon y byddai ef, petai'n fyw, wedi gwrthod amryw ohonynt, ond amhriodol fyddai i mi wneud hynny mewn casgliad cyflawn cyntaf fel hwn. Ar sail hwn, gobeithio, fe fydd golygyddion y dyfodol yn dewis a dethol y cerddi a fydd yn parhau'n rhan o etifeddiaeth lenyddol y Cymry yn ystod y cenedlaethau a'r canrifoedd sydd i ddod.

Yr wyf yn credu y bydd y cerddi dethol hynny'n ffurfio cyfartaledd pur uchel o gynnwys y gyfrol hon. Ac ystyried yn unig yn awr gyfraniad llenyddol Saunders Lewis, er mai fel dramodydd yn ddiamau y cofir ac y mawrygir ef yn bennaf, ac er mor wych yw ei ryddiaith greadigol a beirniadol, yn sylfaen i'r cwbl y mae ymwybod arbennig bardd ag iaith. Y mae ar yr ymwybod hwn ddwy brif agwedd. Yn gyntaf fe geir ymateb i bosibiliadau cerddorol iaith, i'w sigl a'i sŵn. Yr oedd yr ymateb hwn yn dra datblygedig yn Saunders Lewis, ac fe'i mynegir drwy gyfrwng amrywiaeth mawr o ffurfiau mydryddol, o'r mesurau caeth traddodiadol, neu amrywiadau arnynt, hyd at y *vers libre;* yn y cerddi rhydd odledig, fodd bynnag, y gwelir egluraf ei feistrolaeth ar rythm a saib. Yr ail brif agwedd ar yr ymwybod barddol yw'r dynfa at iaith ddarluniadol neu ddelweddol. Ni raid ond troi'r tudalennau a ganlyn i weld mor gyflawn o'r gynneddf hon ydoedd Saunders Lewis. Bwydid hi ynddo nid yn unig gan brofiadau amrywiol ei yrfa faith ac arwrol, ond hefyd gan ei ddarllen awchus a diflino yn holl lenyddiaeth ei wlad ei hun a llenyddiaeth Ewrop o'r cyfnod clasurol hyd at ein dyddiau ni. Eto, fel yn achos pob bardd mawr, fe dreuliodd yr ymborth llenyddol hwn mor llwyr ag i'w droi'n rhan o'i gyfansoddiad barddol ef ei hun: anodd canfod dylanwadau penodol ar linellau unigol o'i waith, ond pan fo hynny'n amlwg wedi'i fwriadu.

O ran mater, y mae'r cerddi'n ymrannu'n dri dosbarth gweddol eglur (er bod, wrth reswm, orymylu aml rhwng y dosbarthiadau). Gellir bras enwi'r dosbarthiadau hyn yn fyd natur, byd dyn a byd Duw. Yr oedd ymateb Saunders Lewis i harddwch y byd naturiol lawn mor hydeiml ag eiddo William Wordsworth, fel y dengys ei ysgrif haeddiannol enwog yn y gyfrol *Y Llinyn Arian* a gyhoeddwyd i gyfarch Urdd Gobaith Cymru yn 1947, ac y mae ei ryfeddod at ogoniannau Natur yn thema gyson yn ei ganu. Ym myd dyn, Cymru sy'n mynd â'i fryd, er bod Cymru'n cael ei gweld bob amser yn rhan o Ewrop ac yn rhan o'r ddynoliaeth gyfan. Y mae llawer agwedd ar fywyd cyfoes Cymru sy'n ennyn ynddo siom a dicter a hyd yn oed anobaith, ac fe esgora'r teimladau hyn ar nifer o gerddi dychan neu gerddi sy'n cynnwys elfen o ddychan; gan i'r rhan fwyaf o'r rhain ymffurfio'n ymatebion i ddigwyddiadau neu amgylchiadau arbennig, y mae'n naturiol eu bod yn llai arhosol eu hergyd a'u hapêl na'r gweddill. Ond ni fyddai Saunders Lewis wedi ei siomi gymaint yng Nghymru oni bai ei fod yn ei charu mor angerddol, fel y dangosodd ei fywyd drwyddo draw. Prin fyth y mynega'r cariad hwn yn uniongyrchol — ymgroesai rhag barddoniaeth 'wladgarol' — ond fe ddaw o hyd i ffyrdd anuniongyrchol o'i fynegi drwy foli personau yn y Gymru gyfoes yr oedd ganddo barch tuag atynt a hefyd drwy ymuniaethu i raddau â ffigurau cydnaws o'r gorffennol. Diau mai'r cerddi gwychaf yn yr ail ddosbarth hwn yw'r rhai sy'n llwyddo i gyfuno i ryw fesur yr elfennau negyddol a'r elfennau cadarnhaol. Y trydydd dosbarth o'i gerddi yw'r rhai sy'n ymwneud â byd Duw, a gynrychiolir ar y ddaear gan yr Eglwys. Gan mai fel Cymro Catholig y'i diffiniai ei hun, nid rhyfedd mai yng ngoleuni'r trydydd dosbarth hwn y dylid gweld a deall y ddau ddosbarth arall yn ogystal: hynny yw, fel Cristion Catholig yr ymhyfrydai ym myd natur ac y carai Gymru — neu ei chasáu pan oedd raid. Unwaith eto, er i lai graddau, tuedda i osgoi mynegiant uniongyrchol o'i ffydd, gan ddewis ei chyffesu'n hytrach drwy fyfyrio ar gymeriadau o'r Beibl neu o hanes yr eglwys, gan gynnwys ei hanes yn ein dyddiau ni. Yr un reddf tuag at ymbellhau oddi wrth y goddrychol, gyda llaw, a welir yn y cyfieithiadau a gynhwyswyd yn y gyfrol: ni ddylid ar unrhyw gyfrif eu hystyried yn ymarferiadau'n unig, gan eu bod yn sicr wedi'u dewis er mwyn i'r awdur allu dweud ei feddwl trwyddynt.

Cam bychan sydd o'r trydydd dosbarth uchod at y dyrnaid o emynau a gynhwyswyd ar ddiwedd y gyfrol, yn gyfieithiadau a chyfaddasiadau ac emynau gwreiddiol. Fe'u dodwyd ar wahân oherwydd eu bod wedi'u bwriadu i'w canu — ac eithrio'r olaf, sydd yn amlwg yn perthyn yn agos i'r pumed yn y gyfres. Y mae cyd-grefyddwyr yr awdur yn gyfarwydd â'r rhain ers blynyddoedd, ond yr wyf yn tybio y bydd cael ymgydnabod â hwynt yma yn peri syndod pleserus i'r gweddill ohonom.

Wrth gynnull y gyfrol hon yr oeddwn yn dra ymwybodol fy mod yn trin ffrwyth crefft a dawn un o'r athrylithoedd creadigol mwyaf a gafodd Cymru erioed. Mawr iawn fu fy mraint.

R.G.G.

Dygwyl Ddewi 1986

CYDNABOD

Dymunaf ddiolch i Bwyllgor Gwasg Gregynog am y gwahoddiad i ymgymryd â llunio'r gyfrol hon, ac yn enwedig i Dr Glyn Tegai Hughes, Mr David Esslemont a Mr David Vickers am eu cymwynasgarwch di-ball. Y mae fy nyled yn fwy fyth i Mrs Mair Haydn Jones am ganiatáu imi gasglu gwaith ei thad ac am wneud popeth yn ei gallu i'm helpu. Derbyniais gymwynasau gwerthfawr hefyd gan y canlynol: y Parch. Eirian Davies, Mr P. J. Donovan, Dr Meredydd Evans, y Parch. John Fitzgerald, Mr Rhidian Griffiths, yr Athro Bedwyr Lewis Jones, yr Athro R. M. Jones, Mr Tegwyn Jones, Mr Peredur Lynch, Mr D. Tecwyn Lloyd, Mr Gerald Morgan, yr Esgob Daniel Mullins, Miss Morfydd Owen a'm Hysgrifenyddes, Miss Llinos Young, a fu'n fawr ei gofal yn paratoi'r deunydd ar gyfer y wasg.

ÔL-NODYN (MEDI 1991)

Wrth baratoi'r ailargraffiad hwn, diolchaf i Wasg Gregynog a Mrs Mair Jones am ganiatáu cyhoeddi argraffiad newydd, i Wasg Prifysgol Cymru am ymgymryd â'i gyhoeddi, i Susan Jenkins o'r wasg honno am ei gofal golygyddol cyfewin fanwl, ac i Mr P.J. Donovan, y Parch. John Fitzgerald a Mr Gareth Watts am amryw gymwynasau: Mr Donovan a'r Tad Fitzgerald a'm cyfeiriodd at 'Rhosyn Duw', t.66, sy'n ychwanegiad at y casgliad gwreiddiol.

LLYGAD Y DYDD YN EBRILL

Doe gwelais lygad y dydd
fel drych harddwych y wawrddydd;
echdoe dibris y troediwn,
a doe gweld. Däed y gwn
egni nwyd gwanwyn a'i aidd
yn creu ei swllt crisialltaidd,
angerdd celfyddyd gweungors,
rhuddem a gem yn y gors.
Y cae lle y canai cog
Ebrill aeth yn Llwybr Llaethog;
troes y ffurfafen benben,
miliynau heuliau y nen
yn is sawdl a osodwyd
i euro lawnt daear lwyd;
Orïon ar y bronnydd,
Arctwros a Seirios sydd,
gleiniau tân gloynnod Duw,
yn sêr effro seraffryw
ar las wybren ysblennydd.
Doe gwelais lygad y dydd.

I'R SAGRAFEN FENDIGAID

*(Ar ymweliad nifer o'm cyfeillion gwrth-babyddol ag
eglwys gatholig)*

Y rhain, a ddaeth i'th dŷ
Ac eistedd yn lled ofnus a hanner hy
Heb gyfarch gwell i'r Perchen na gostwng glin,
O Feistr Perchentyaeth, na boed flin
Gennyt eu hanfoes;
Cans yn dy neuadd nid oes
Ond allor a'i blodau a'i chanwyllbrennau'n drim-dram-strellach
        a di-drefn
Fel seld lawn mewn siop hen ddodrefn,
A lluniau truan-ysmala o'th Basiwn a'th Grog,
A delwau ym mhlastr Brummagem o Ioseff a Mair
Yn sefyll fel modryb sali'n y ffair,
A'r santes Teresa fel darlun ffasiynau yn *Vogue*.

Y rhain ddaeth dan dy do
Megis i stafell lofruddion Madam Tussaud,
Sut y deallent hwy dy ryfedd-dyner ddireidi?
Dy blant difrifwedd Di
A'u sobr eiddigedd dros dy ddi-eilundod,
Yma 'mhlith bric-a-brac ein tipyn defod,
Derbyn, ddi-ddirmyg Dad,
Eu dirmyg hallt yn wir addoliad.

Cans pwy yn ei iawn bwyll,
Heb amgen gannwyll,
(O Dad y goleuadau)
Fyth a'th ganfyddai Di yn chwarae mig â'th bau
Yn rhith
Y gwenith,
Ryw fymryn distadl yn y llanastr oll?
Nid rhyfedd na phenlinia'r plant i'w Harglwydd coll.

Eithr pan ddêl y dydd
Y troedia'r rhain dy nefoedd yn ddi-wawd.
A syn benlinio yno i rith dy ddyndod,
Ninnau, dy gaethion tlawd
A gosbaist yma â brathog gordyn Ffydd,
Boed inni gyfran gyda'th blant o'u syndod.

Y PÎN

Llonydd yw llyn y nos yn y cwm,
Yn ei gafn di-wynt;
Cwsg Orïon a'r Ddraig ar ei wyneb plwm,
Araf y cyfyd y lloer a nofio'n gyntunus i'w hynt.

Wele'n awr awr ei dyrchafael.
Chwipyn pelydri dithau o'i blaen a phicell dy lam
O fôn i frig dan ei thrafael
Yn ymsaethu i galon y gwyll fel Cannwyll y Pasg dan ei fflam:
Ust, saif y nos o'th gylch yn y gangell glaear
Ac afrlladen nef yn croesi â'i bendith y ddaear.

GOLYGFA MEWN CAFFE

O ffrwst y garsiwn lifreiog
A'u trwst yn Great Darkgate Street,
Yng nghanol y llu a arllwysid o'r mart ac o'r coleg
Ac o ysgoldai'r capeli ac o'r tafarnau,
Yng nghanol y dyrfa fraith,
Y dyrfa drist a gollasai ddaioni'r deall,
Y meirwon byw,
Yng nghanol crechwen aflawen a chrafangau cochion benywod
A'u gweflau fel hunllef anllad yn rhwygo
Cwsg eu hwynebau gorila,
Yng nghanol y dyrfa ar ffo,
Ar ffo rhag yr angau o'r awyr a'r bywyd o'r bom,
Ymhlith y sgerbydau llafar, y lludw rhodiannus,
Ymwthiasom drwy ddrysau'r caffe
Gan guddio'n penglogau gweigion tu ôl i'n ffigysddail,
A chipio cornel o fwrdd rhag byddin Babel,
A gweiddi uwchben yr esgyrn a'r dysglau te
Ar forwyn gerllaw.

Fuaned oedd gweini'r forwyn —
Dug inni wystrys a finegr Kosher a'r gwasanaeth claddu ar dost.
Cwympodd y glaw fel parasiwt ar y stryd,
Ond safodd gwarchodlu dinesig y cistiau lludw
Fel plismyn yn rhes ger eu tai.
Ac aeth hen wrach, a chortyn am ei gwddf,
O gist i gist dan y glaw, a chodi pob clawr,
A'u cael, bob arch, yn wag.
Ac ar waelod y ffordd,
Gerbron y lludw bwyteig acw'n y caffe,
Y lludw a ddihangodd o'r cistiau,
Blonegesau Whitechapel, Ethiopiaid Golder's Green,
Ar lampost cyfleus, ac â'i chortyn, ymgrogodd y wrach.
Gwelsom ei heglau'n troi dan y glaw,
A gwybuom wrth ei menyg gwynion a'u hoglau camffor
Yr hanfu o'r hen wlad.
Claddwyd hi'n anenwadol gan y BBC
Ar donfedd yr ymerodraeth.

I'R DR J.D. JONES, CH

(Bournemouth gynt)

O'th bulpud plu dy bregeth wêr
    Ddiferodd ar y glythion,
A thoddion saim dy Saesneg bras
    Fu moddion gras bolrythion.

Dychweli'n awr i wlad y tlawd
    Sy'n friw dan fawd y tordyn,
A'th gerydd llym i genedl frau
    Blygu i'r iau a'r cordyn.

GARTHEWIN

Awdl Foliant i Robert Wynne

Seddau moes, am oesoedd maith — yn ein tir
    Buont erw anghyfiaith,
    Hen blasau heb felysiaith
    Y werin na'i chwerthin chwaith;

Heb chwerthin na gwin gweniaith — y beirdd gwlad,
    Heb hardd glod tafodiaith,
    Diaelwyd yn y dalaith,
    Digystlwn wŷr, aliwn iaith;

Aliwn a barwn heb araith — eu bro,
    Heb ei rhin na'i gobaith,
    Y faenol heb y fwyniaith
    Yn grin fel derwen dan graith;

Unrhyw â derwen fai'n anrhaith — i fellt
    Neu falltod haint diffaith,
    Yn ei gaeaf diafiaith
    Heb elw i'r tir, a heb waith.

Dy waith yn dy dir, bendithiwn d'erwau,
Rheoli i'th wlad ystad dy dadau,
Agor i werin dy dŷ a'i greiriau,
Rhoi urddas gwas ar y plas i'w gwpláu.

Aelwyd i'r genedl yw dy drigiannau,
Fel Sycharth Owain, Garthewin freiniau,
Cymar hynawsedd Cymru hen oesau,
Yn hygar, yn hael, yw'r gaer wen olau.

Yno mae beirdd fel cynt am y byrddau,
Ni bu Garthewin heb gwrw i'w theiau,
Ei gwin a yfais o gynaeafau
Oporto, Bordeaux, pert ebyr Deau.

Yn llys y werin pêr yw'r llaswyrau
I Fair, Gwenfrewi, i Ddewi'r gweddïau;
Cannaid olyniaeth y cenedlaethau,
Anweledig gôr hen wlad y cwyrau,

A gâr y fan y mae'r sagrafennau
Yn anadlu fry dros ein cenedl frau;
A gwarach bonedd Cymru'n eu beddau
Ddychwel i'r swydd uchelwr o'u seddau.

Rhag y Purdan

Na ladd fi megis ci pan ddelych, Angau,
    Ag ergyd dryll neu fom yn sydyn chwim,
Nac yn fy nghwsg, rhag llithro i'th grafangau
    Heb ias na gwŷs na gwaedd na dychryn ddim;
Nac oeda chwaith nes dyfod gaeaf blinder
    Pan fo'n ddigyffro pob rhyw awch a gwŷd,
A nodd hen nwydau'n cysgu dan fy nghrinder
    Nes deffro yng ngwanwyn newydd newydd fyd;
Ond fel coedwigwr praff yn dethol pren,
    Tyrd ataf; cân a'th fwyall rybudd dwys,
A tharo unwaith, ddwywaith, nes bo'r cen
    Yn tasgu, a'r ceinciau'n crynu, a chrymu'u pwys;
Dadwreiddia fi o'r ddaear, cyn y daw
Ffwrneiswaith y golosgwyr acw draw.

I'R LLEIDR DA

Ni welaist ti Ef ar fynydd y Gweddnewid
    Na'r nos yn cerdded y lli;
Ni welaist erioed gelanedd yn gwrido pan drewid
    Elor a bedd gan ei gri.

Ar awr ei gignoethi a'i faw y gwelaist ti Ef,
    Dan chwip a than ddrain,
A'i hoelio'n sach o esgyrn tu allan i'r dref
    Ar bolyn, fel bwgan brain.

Ni chlywaist ti lunio'r damhegion fel Parthenon iaith,
    Na'i dôn wrth sôn am ei Dad,
Cyfrinion yr oruwchystafell ni chlywaist chwaith,
    Na'r weddi cyn Cedron a'r brad.

Mewn ysbleddach torf o sadyddion yn gloddest ar wae,
    A'u sgrech, udo, rheg a chri,
Y clywaist ti ddolef ddofn torcalon eu prae,
    'Paham y'm gadewaist i?'

Tithau ynghrog ar ei ddeau; ar ei chwith, dy frawd;
    Yn gwingo fel llyffaint bling,
Chweinllyd ladronach a daflwyd yn osgordd i'w wawd,
    Gwŷr llys i goeg frenin mewn ing.

O feistr cwrteisi a moes, pwy oleuodd i ti
    Dy ran yn y parodi garw?
'Arglwydd, pan ddelych i'th deyrnas, cofia fi' —
    Y deyrnas a drechwyd drwy farw.

Rex Judaeorum; ti gyntaf a welodd y coeg
    Gabledd yn oracl byw,
Ti gyntaf a gredodd i'r Lladin, Hebraeg a Groeg,
    Fod crocbren yn orsedd Duw.

O leidr a ddug Baradwys oddi ar hoelion stanc,
    Flaenor bonedd y nef,
Gweddïa fel y rhodder i ninnau cyn awr ein tranc
    Ei ganfod a'i brofi Ef.

Y DILYW 1939

Mae'r tramwe'n dringo o Ferthyr i Ddowlais,
Llysnafedd malwoden ar domen slag;
Yma bu unwaith Gymru, ac yn awr
Adfeilion sinemâu a glaw ar dipiau di-dwf;
Caeodd y ponwyr eu drysau; clercod y pegio
Yw pendefigion y paith;
Llygrodd pob cnawd ei ffordd ar wyneb daear.

Unwedd fy mywyd innau, eilydd y penderfyniadau
Sy'n symud o bwyllgor i bwyllgor i godi'r hen wlad yn ei hôl;
Pand gwell fai sefyll ar y gongl yn Nhonypandy
Ac edrych i fyny'r cwm ac i lawr y cwm
Ar froc llongddrylliad dynion ar laid anobaith,
Dynion a thipiau'n sefyll, tomen un-diben â dyn.

Lle y bu llygaid mae llwch ac ni wyddom ein marw,
Claddodd ein mamau nyni'n ddifeddwl wrth roi inni laeth o
Lethe,
Ni allwn waedu megis y gwŷr a fu gynt,
A'n dwylo, byddent debyg i law petai arnynt fawd;
Dryllier ein traed gan godwm, ni wnawn ond ymgreinio i glinig,
A chodi cap i goes bren a'r siwrans a phensiwn y Mond;
Iaith na thafodiaith ni fedrwn, na gwybod sarhad,
A'r campwaith a roesom i hanes yw seneddwyr ein gwlad.

II

Cododd y carthion o'r dociau gweigion
Dros y rhaffau sychion a rhwd y craeniau,
Cripiodd eu dylif proletaraidd
Yn seimllyd waraidd i'r tefyrn tatws,
Llusgodd yn waed o gylch traed y plismyn
A lledu'n llyn o boer siliconaidd
Drwy gymoedd diwyneb diwydiant y dôl.

Arllwysodd glaw ei nodwyddau dyfal
Ar gledrau meddal hen ddwylo'r lofa,
Tasgodd y cenllysg ar ledrau dwyfron
Mamau hesbion a'u crin fabanod,
Troid llaeth y fuwch yn ffyn ymbarelau
Lle camai'r llechau goesau llancesi;
Rhoed pensiwn yr hen i fechgynnos y dôl.

Er hynny fe gadwai'r lloer ei threiglo
A golchai Apolo ei wallt yn y gwlith
Megis pan ddaliai'r doeth ar eu hysbaid
Rhwng bryniau'r Sabiniaid ganrifoedd yn ôl;
Ond Sadwrn, Iau, ac oes aur y Baban,
Yn eu tro darfuan'; difethdod chwith
Ulw simneiau a'r geni ofer
A foddodd y sêr dan lysnafedd y dôl.

III

Ar y cychwyn, nid felly y gwelsom ni'r peth:
Tybiem nad oedd ond y trai a'r llanw gwaredol, yr ansefydlogi
                    darbodus
A fendithiai'n meistri fel rhan o'r ddeddf economaidd,
Y drefn wyddonol newydd a daflasai'r ddeddf naturiol
Fel Iau yn disodli Sadwrn, cynnydd dianterth bod.
A chredasom i'n meistri: rhoesom arnynt wisg offeiriadol,
Sbectol o gragen crwban a throwsus golff i bregethu,
I bregethu santeiddrwydd y swrplws di-waith ac ystwyth
                    ragluniaeth prisoedd;
Ac undydd mewn saith, rhag torri ar ddefod gwrtais,
Offrymem awr i ddewiniaeth dlos y cynfyd
Ac yn hen Bantheonau'r tadau fe ganem salm.

Yna, ar Olympos, yn Wall Street, mil naw cant naw ar hugain,
Wrth eu tasg anfeidrol wyddonol o lywio proffidau ffawd,
Penderfynodd y duwiau, a'u traed yn y carped Aubusson
A'u ffroenau Hebreig yn ystadegau'r chwarter,
Ddod y dydd i brinhau credyd drwy fydysawd aur.

11

Ni wyddai duwiau diwedda' daear
Iddynt wallio fflodiardau ola'r byd;
Ni welsant y gwŷr yn gorymdeithio,
Y dyrnau cau a'r breichiau brochus,
Rheng ar ôl rheng drwy ingoedd Fienna,
Byddar gynddaredd ymdderu Munich,
Na llusg draed na llesg drydar gorymdaith
Cwsgrodwyr di-waith a'u hartaith hurt.

Ond bu; bu gwae mamau yn ubain,
Sŵn dynion fel sŵn cŵn yn cwyno,
A myrdd fyrdd yn ymhyrddio'n ddihyder
I'r ffos di-sêr a'r gorffwys di-sôn.
Pwyll llywiawdwyr y gwledydd, pallodd,
Bu hau daint dreigiau ar erwau Ewrop,
Aeth Bruening ymaith o'u berw wyniau,
O grechwenau Bâle a'i hagr echwynwyr,
Rhuchion a rhytion rhawt Genefa,
I'w fud hir ympryd a'i alltudiaeth.
A'r frau werinos, y demos dimai,
Epil drel milieist a'r *pool* pêl-droed,
Llanwodd ei bol â lluniau budrogion
Ac â phwdr usion y radio a'r wasg.

Ond duodd wybren tueddau Ebro,
Âi gwaed yn win i'n gwydiau newynog,
A rhewodd parlys ewyllys wall
Anabl gnafon Bâle a Genefa.
Gwelsom ein twyllo. Gwael siomiant ellyll
Yn madru'n diwedd oedd medr ein duwiau;
Cwympo a threisio campwaith rheswm
A'n delw ddihafal, dyn dihualau;
Crefydd ysblennydd meistri'r blaned,
Ffydd dyn mewn dyn, diffoddwyd hynny:
Nyni wynepglawr fawrion — fesurwyr
        Y sêr a'r heuliau fry,
        Di-elw a fu'r daith,
        Ofer pob afiaith,
Dilyw anobaith yw ein dylaith du.

A thros y don daw sŵn tanciau'n crynhoi.

Y GELAIN

'Gofynnir gan lawer, a Chymry yn eu mysg, paham y dylai gael byw'

Ysgrif yn *Y Llenor,* Haf 1941

Mae celain Cymru'n gorwedd dan sarhaed
    Heb fawr i wylo'i siom,
Gwael gaethferch ei gorchfygwr, ddoed a gaed
    I'w archwaeth, heddiw'n dom.

I lyfu ei gwarth a'i baeddu dan eu traed
    Ymgasgla cenfaint lom
Y moch ynadon, rhochus uwch ei gwaed,
    A'r geist seneddol, ffrom.

Pa ddrewdod sydd yn symud dan ei chnawd?
    Llyngyr, swyddogion lu
Yn pesgi ar farwolaeth mamwlad dlawd;

Ac ar ei thalcen wele lyffant du
    Yn crawcian cyn dydd brawd
Grynedig alwad i'r halogiad hy.

Pregeth Olaf Dewi Sant

Rhyfedd o bregeth a bregethodd Dewi
Wedi'r offeren y Sul cyn calan Mawrth
I'r dorf a ddaethai ato i gwyno'i farw:
'Frodyr a chwiorydd, byddwch lawen,
Cedwch y ffydd, a gwnewch y pethau bychain
A welsoch ac a glywsoch gennyf i.
A cherddaf innau'r ffordd yr aeth ein tadau,
Yn iach i chwi,' ebe Dewi,
'A byth, bellach, nid ymwelwn ni.'
Felly mae'r bregeth gan ancr Llan Ddewi Frefi,
Sy'n llawnach na Lladin Rhygyfarch,
A hwyrach mai ar gof crefyddwyr gwledig
Fu'n crwydro glannau Teifi fel paderau'n
Llithro o un i un drwy fysedd y canrifoedd
Y caed y ffurf a droes yr ancr i'w femrwn.

Ni bu mor ymerodrol un ymachlud haul
Â gorymdeithio Dewi o senedd Frefi
I'w huno yn y wawr a'r glyn rhosynnau.
Wythnos i'r dydd, yn y gwasanaeth bore,
Cyhoeddwyd iddo ostegion ei ryddhad
Gan angel yn y côr; a chan angel
Taenwyd y gair drwy lannau Cymru a llannau
Iwerddon dirion. Bu cyrchu i Dŷ Ddewi,
Saint dwy ynys yn cynebryngu eu sant;
Llanwyd y ddinas gan ddagrau ac wylofain
A chwynfan, och na lwnc y ddaear ni,
Och na ddaw'r môr dros y tir, och na syrth
Y mynyddoedd cedyrn ar ein gwastad ni.
A chalan Mawrth
Daeth at yr eglwys wylofus yr eglwys fuddugol,
A'r haul, a naw radd nef, a cherddau a phersawr;
Aeth Dewi o syndod i syndod at ei Dduw.

Felly y ceir yr hanes gan Rygyfarch
Yn awr ei drymder yn Llanbadarn Fawr,
Yn awr pryder canonwyr ac ing gwlad,
A hen ysgrifau Dewi yn ei gist
A'r cronigl hen a chreiriau'r ysgolheigion,
Gweddill mawredd a fu ac a fu annwyl,
Yn y clas gofidus, yn y gell atgofus.
Felly, ddwy ganrif wedyn, y mae'r stori
Gan y meudwy a'i copïai gerllaw'r bryn
Lle gynt y bu senedd Brefi a thraed y sant a'r wyrth.
Ond gwyrth nac angel nis caed ym mhregeth Dewi
Wedi'r offeren y Sul cyn calan Mawrth
I'r dorf a ddaethai yno i gwyno'i farw,
Na galw'r clas yn dyst i'r gogoniannau;
Eithr cymell y llwybrau isel, byddwch lawen
A chedwch y ffydd a gwnewch y pethau bychain
A welsoch ac a glywsoch gennyf i.

Bu'n ddychryn gan haneswyr reol Dewi,
A chwip Eifftaidd ei ddirwest a'r iau drom,
Gwledig y saint, gorwyr Cunedda a'r porffor.
Ond ei eiriau olaf, y bregeth nythodd yng nghof
Gweddïwyr glannau Teifi drwy ganrifoedd
Braw, drwy ryfel, dan guwch y cestyll fwlturaidd,
Drwy'r oesoedd y bu'r ceiliog rhedyn yn faich,
Geiriau morwynig ŷnt, tynerwch lleian,
'Ffordd fach' Teresa tua'r puro a'r uno,
A ffordd y groten dlawd a welodd Fair yn Lourdes.

Y DEWIS

Darfu'r gyflafan olaf. Unwyd y byd.
Terfysg nac un gwrthryfel mwy ni chaed,
Ond trefn fel rheilffordd lle bu gynt y gwaed,
Pob glin yn plygu'n ddof a dof pob bryd.
Cododd yr Unben o'i filwriaeth ddrud;
A phum cyfandir ufudd dan ei draed,
Câi ymddigrifo yn y gamp a wnaed,
A rhodio'n dawel rhwng ei ddeiliaid mud.

A daeth at fryn oedd ddisathr, lle'r oedd croes
Ac arni un yn marw. Chwarddai'r teyrn,
'Os Mab Duw wyt ti, tyrd i lawr o'th loes,
Dewised y byd rhyngom; achub dy hun.'
A meddai'r Aberth dan yr hoelion heyrn,
'Yma y byddaf tra bydd na byd na dyn.'

Y Saer

Dwys yng nghysgod ei weithdy
Fu trem y saer o'r cyfddydd
    Hyd yr hwyr brynhawn;
Gwyddai fod ei law'n crynu
Weithian gan ing llawenydd
Y gân fud oedd yn nythu
    Yn ei galon lawn.

Pan ddeuai awr ymachlud
Dôi hithau, ei ddyweddi,
    A stên ymhob llaw,
Dôi, y loyw, yr anwylyd,
O'r ffynnon a thrwy'r gerddi,
A sefyll am fer ennyd
    Ar yr hiniog draw.

Ni ddwedai cân ei galon
Fyth, fyth mor anllygredig
    Oedd y forwyn Fair;
Tawel bydewau dyfnion
Fai'n ddrych i anweledig
Sêr oedd ei phêr olygon,
    Y wyry ddiwair.

Cannaid, cynnar friallu,
Gwlith Ebrill ar fioled,
    Oedd gwylder ei cham;
Fel baner nef yn dallu
Yr anllad drem, ei cherdded;
Pur fyddai pawb o syllu
    Ar y fun ddi-nam.

Caeodd ef ei amrannau,
A'i ddisgwyl megis gweddi;
    Adnabu ei cham;
Craffodd; rhwng yr ystenau,
Rhwng dwyfraich ei ddyweddi,
Canfu ar draws ei lwynau
    Amlinell y fam.

17

Safodd Mair ar yr hiniog,
'Ioseff.' Griddfannodd yntau,
   'A wyt forwyn, di?'
Yn dyner ac yn bwyllog,
A'r Crist byw rhwng ei lwynau,
Atebodd y ddihalog,
   'Morwyn ydwyf i.'

Ba bicellog amheuon,
Ba oriau heillt o artaith,
   Nas adnabu ef;
Cadoedd gwyllt yr ellyllon,
Hurt siom a dreng anobaith,
Yn gosod ar ei galon
   I gablu aer nef.

Aeth y nos dros ei enaid;
Gweddi nid oedd na golau
   Na seren na gwawr;
Yn fudan diochenaid
Y gwegiai ar ei liniau
Nes taflodd y cythreuliaid
   Ef fel marw i'r llawr.

A chlywodd yn ei freuddwyd
Angel yn dweud, 'Nac ofna
   Gymryd Mair yn wraig;
Y Mab iddi a roddwyd,
O'r Ysbryd Glân y deillia,
A thrwyddo yr addawyd
   Sigo pen y Ddraig.'

Ac ar wlith yr oedd heulwen
Pan aeth y saer i'w weithdy
   O'i freuddwyd yn fud,
A llifiodd hardd gedrwydden,
A'i llyfnu'n deg a'i llathru,
Ac ar y gain estyllen
   Gwnaeth gynllun o grud.

HAF BACH MIHANGEL 1941

Gwanwyn ni bu, a phrin fu fflach yr haul
Ar lathrwib las y wennol dan y bont;
Eginai'r grawn fis Awst yn y dywysen
Gan yr haf gwlybyrog, mwll:
Gwragedd a'u clustiau 'nghlwm wrth lais mewn blwch,
A'r post mor araf-deg o'r Aifft, o Singapôr,
'Mae lladd ofnadwy yn Rwsia, 'ddyliwn i,'
A'r glaw fel pryder yn disgyn ddydd ar ôl dydd
Ar warrau'n dweud eu gofid yn gynt na'r geiriau;
Dyna fu'r rhyfel yn ein pentref ni,
Düwch taranau yn troi ac yn troi
O'n cwmpas ac uwchben, mur yn dynesu,
Gan ruo ac ymgrynhoi a dal ei fellt;
Ac, ar y pentan, llais mewn blwch yn brolio,
A'r postmon yn oedi ei stori o ddrws i ddrws
A'r enwau cynefin, Caerdydd . . . Abertawe . . . Y De,
Dychryn diystyr yn oedi; wynebau, tafodau, estron;
Nid oes neb yn dweud ei feddwl, nid oes neb
Yn meddwl; brolia'r llais yn y blwch
Ein llynges *ni*, ein llu awyr *ni*,
A ninnau'n amheus gredu mai ni yw ni,
A mynd fel rhai dan hud i'r clos a'r cae
Lle y clyw ein dwylo gysur hen bethau siŵr
Yn y glaw fis Awst.

Ond troes y gwynt. Daeth niwl yn y bore bach
A'i chwalu gan haul brenhinol a di-frys,
Eang brynhawn a machlud dan faneri,
A'r Haeddel Fawr fel gwregys ar wasg nos;
Llwythwyd y gambo yn y caeau llafur,
Ac yn y berllan, rhwng afalau gwyrdd,
Pefriai diferion gwlith ar y gwawn llonydd;
Cododd Mihangel inni fryn iachâd,
Llannerch o des a balm yn niwedd Medi,
Cyn y gaeaf, cyn y prawf, cyn chwyrnellu'r nos,
Cyn codi angor a hwylio fel Wlysses
Heibio i'r penrhyn ola' ar dir y byw:
'Frodyr, na omeddwch chwaith y profiad hwn
I'r ysbaid, O mor fer, sydd eto'n aros
Inni weld a phrofi o wych a gwael y byd,'
A throes ei long tua'r anhysbys sêr . . .
A gwelodd Dante ef gyda Diomed.

Fihangel, sy'n caru'r bryniau, gweddïa dros Gymru,
Fihangel, gyfaill y cleifion, cofia ni.

DAWNS YR AFALLEN

Dawns afallen dan ei blodau,
Priodasferch Mai'r aroglau;
Lamp yn canu carol owmal
A phinc-wridog mewn fflam crisial
Megis eira; pêr gonsuriwr
Sydd yn denu'n heidiau'r gwenyn a'u haur gynnwr'
I goroni ei gwallt â'u miwsig
Gan ymdywallt rhwng yr emrallt a'r gwyn camrig.

Hudol yw afallen Medi;
Gwelaf ferched Atlas dani
Yn codi eu dwylo, Eritheia,
Hesper, Egle, Arethwsa,
Tua'r gwyrdd lusernau crynion
Fel lleuadau neu gêl fronnau'r gloyw forynion
Sy'n bugeilio'r ardd ddiaeaf;
Dawns duwiesau dan afalau, dyna welaf.

T. Gwynn Jones

Canaf, clodforaf firain — awenydd
    Pen Beirdd Ynys Prydain;
    Cenedl wâr a gâr, iaith gain,
    Fawrhau arwr f'arwyrain.

Arwr iaith a'i chyfieithydd — a mydrwr
    Ymadrodd ysblennydd,
    Eilia brawd Cynddelw Brydydd
    Gân piau nerth Gwyn ap Nudd.

Yn nydd yr efrydd afryw — farddoni
    Dyfu'r ddawn benceirddryw,
    Seren wen mil a'i cennyw,
    Cannaid o'r sygn, ceinder syw.

Ceinder nas chwaler gan chwŷl — hap yr oes;
    Trech na'r pres; nis dymchwyl
    Yn deilchion na dieilchwyl
    Hynt y rhod nac anghlod gul.

MAIR FADLEN

'Na chyffwrdd â mi'

Am wragedd ni all neb wybod. Y mae rhai,
Fel hon, y mae eu poen yn fedd clo;
Cleddir eu poen ynddynt, nid oes ffo
Rhagddo nac esgor arno. Nid oes drai
Na llanw ar eu poen, môr marw heb
Symud ar ei ddyfnder. Pwy — a oes neb —
A dreigla'r maen oddi ar y bedd dro?

Gwelwch y llwch ar y llwybr yn llusgo'n gloff:
Na, gedwch iddi, Mair sy'n mynd tua'i hedd,
Dyfnder yn galw ar ddyfnder, bedd ar fedd,
Celain yn tynnu at gelain yn y bore anhoff;
Tridiau bu hon mewn beddrod, mewn byd a ddibennwyd
Yn y ddiasbad brynhawn, y gair Gorffennwyd,
Y waedd a ddiwaedodd ei chalon fel blaen cledd.

Gorffennwyd, Gorffennwyd. Syrthiodd Mair o'r bryn
I geudod y Pasg olaf, i bwll byd
Nad oedd ond bedd, a'i anadl mewn bedd mud,
Syrthiodd Mair i'r tranc difancoll, syn,
Byd heb Grist byw, Sabath dychrynllyd y cread,
Pydew'r canmil canrifoedd a'u dilead,
Gorweddodd Mair ym meddrod y cread cryn,

Yng nghafn nos y synhwyrau, ym mhair y mwg;
Gwynnodd y gwallt mawr a sychasai ei draed,
Gwywodd holl flodau atgo' ond y gawod waed;
Cwmwl ar gwmwl yn ei lapio, a'u sawr drwg
Yn golsyn yn ei chorn gwddf, ac yn difa'i threm
Nes diffodd Duw â'u hofnadwyaeth lem,
Yn y cyd-farw, yn y cyd-gladdu dan wg.

Gwelwch hi, Niobe'r Crist, yn tynnu tua'r fron
Graig ei phoen i'w chanlyn o'r Pasg plwm
Drwy'r pylgain du, drwy'r gwlith oer, drwy'r llwch trwm,
I'r man y mae maen trymach na'i chalon don;
Afrwydd ymlwybra'r traed afrosgo dros ddraen
A thrafferth dagrau'n dyblu'r niwl o'i blaen,
A'i dwylo'n ymestyn tuag ato mewn hiraeth llwm.

Un moeth sy'n aros iddi dan y nef,
Un anwes ffarwel, mwynder atgofus, un
Cnawdolrwydd olaf, trist-ddiddanus, cun,
Cael wylo eto dros ei esgeiriau Ef,
Eneinio'r traed a golchi'r briwiau hallt,
Cusanu'r fferau a'u sychu eto â'i gwallt,
Cael cyffwrdd â Thi, Rabboni, O Fab y Dyn.

Tosturiwn wrthi. Ni thosturiodd Ef.
Goruwch tosturi yw'r cariad eirias, pur,
Sy'n haearneiddio'r sant drwy gur ar gur,
Sy'n erlid y cnawd i'w gaer yn yr enaid, a'i dref
Yn yr ysbryd nefol, a'i ffau yn y santeiddiolaf,
Sy'n llosgi a lladd a llarpio hyd y sgarmes olaf,
Nes noethi a chofleidio'i sglyfaeth â'i grafanc ddur.

Bychan a wyddai hi, chwe dydd cyn y Pasg,
Wrth dywallt y nard gwlyb gwerthfawr arno'n bwn,
Mai'n wir 'i'm claddedigaeth y cadwodd hi hwn';
Ni thybiodd hi fawr, a chued ei glod i'w thasg,
Na chyffyrddai hi eto fyth, fyth â'i draed na'i ddwylo;
Câi Thomas roi llaw yn ei ystlys; ond hi, er ei hwylo,
Mwyach dan drueni'r Bara y dôi iddi'r cnawd twn.

Dacw hi yn yr ardd ar glais y wawr;
Gwthia'i golygon tua'r ogof; rhed,
Rhed at ei gweddill gwynfyd. Och, a gred,
A gred hi i'w llygaid? Fod y maen ar lawr,
A'r bedd yn wag, y bedd yn fud a moel;
Yr hedydd cynta'n codi dros y foel
A nyth ei chalon hithau'n wag a siêd.

Mor unsain â cholomen yw ei chŵyn,
Fel Orphews am Ewridicê'n galaru
Saif rhwng y rhos a chrio heb alaru
'Maent wedi dwyn fy Arglwydd, wedi ei ddwyn,'
Wrth ddisgybl ac wrth angel yr un llef
'Ac ni wn i ple y dodasant ef,'
Ac wrth y garddwr yr un ymlefaru.

Hurtiwyd hi. Drylliwyd hi. Ymsuddodd yn ei gwae.
Mae'r deall yn chwil a'r rheswm ar chwâl, oni
Ddelo a'i cipia hi allan o'r cnawd i'w choroni —
Yn sydyn fel eryr o'r Alpau'n disgyn tua'i brae —
A'r cariad sy'n symud y sêr, y grym sy'n Air
I gyfodi a bywhau: 'a dywedodd Ef wrthi, Mair,
Hithau a droes a dywedodd wrtho, Rabboni.'

Awdl i'w Ras, Archesgob
Caerdydd

Y canu a fu i fab — Sant a Non,
    Di, dirion dad arab,
Yn nos gwawd, yn oes geudab,
Oes a'i phoer ar gleisiau'i Phab,

Nis clywi, Dewi ein dydd; — och am rin
    A Chymraeg beirdd bedydd;
Yn ing rhyfel anghrefydd
Cur yw dwyn coron Caer Dydd.

Aeth dydd awdlau'r Ffydd ar ffo, — ni pheirch wisg
    Archesgob, gwlad Teilo;
Duw mewn bara, ha-ha, ho!
Wedi Ffreud, offer radio,

Offeren Rheen, pa raid? — Nid yw'r hil
    Ond rhawt cinemaliaid
O ffilm i ffilm, oni phaid
Sirio einioes ar unnaid

Yn y nos gymwynasgu — ddinesig,
    Gatholig ei theulu,
Tylwyth fel ffair yn tawelu
Ar sbonc cloch, gwŷs groch gwas sy gry';
Eithr enaid o'r aruthr rannu
O ddyffryn rhithiau a ddeffry
Yn noeth, yn hwyrddoeth, o'r anharddu — mawr
    I awr ddiyfory,

Lle bydd taer lonydd lynu — wrth gêl, friw
    Galfarïau Cymru
A phêr rym cofus offrymu
Yr eiriol anfeidrol a fu;
Yno bydd gwerth ar d'aberthu
Eglwysig, ar garegl Iesu,
Undod cyfryngdod Crist fry — yn y nen
    A than wybren obry;

Ac allor a dôr, ti a'u dyry, — dwyn
    Daioni i Gymru,
Dan bang clep a sang stop-tap, su
Dwndwr y waltz, dondio a rhu,
Dwyn golud y Ne' i'w gelu
A dodi Oen Duw yn ei dŷ,
Dwyn llurig Padrig rhag pydru — hen lan,
    Dawn merch Ann i'w channu.

EMMÄWS

'Ddaw neb o hyd iddo'n awr;
ei hanes 'doedd ond unawr;
graig a llwybr, yn gyfrgoll aeth
Emmäws didramwyaeth.

Ond trig ar gronig ei rawd,
duwsul Pasg y bedysawd,
y ddadl hael a'r gwahodd tlws,
mwyaid bara Emmäws.

Pa ŵyll draw yn y pellter
sy'n turio'r swnd, hwyr awr sêr,
am dref ger Salem a'i drws,
Am heol i Emmäws?

Ai rhith Arab neu Rabbi?
A, mwyfwy och! Ai myfi
yn aro gwawr orig fach
Emmäws nad yw mwyach?

MABON

Dau chwarter canrif fu dy fyw, ac O'r
Carchar a'r seler ddi-lawnter dan lif afon
Gwaed rhaeadrog ieuenctid, a'r anafon
A greithiodd ei rhuthrau arnad cyn agor dôr.

Yna daeth Arthur i'th arbed, dy Arthur Iôr,
A'th gipio i'w gyfranc, yn gnaf i ymfriwio â chnafon
A blasu cymdeithas ei Ford, a'th fwrw i fydafon
Geol y gelyn ac eunuchdod tywod di-stôr.

Trydydd chwarter canrif ni wêl dy gnawd;
Mae'r trydydd carchar ac osgo'i gysgod arnad
I'th ffinio i'r ffyrling eithaf cyn ffoi o'i ffawd.

Wrth larwm yr eol hon tau galarnad
Clwy, bar, clo, brad, nes cofio o'r dihenydd tlawd
Fynd Arthur o'i flaen a throi'n *Te Deum* ei farwnad.

CAER ARIANRHOD

(Ymson Owain cyn cyfarfod â'r Abad)

Gwelais y nos yn cau ei haden dros y waun,
Dros brin fythynnod brau, braenar, anfynych gŵys,
A daeth y sêr a Chaer Arianrhod, firagl dwys,
I dasgu plu'r ffurfafen â'u mil llygaid paun.

Taenais aden fy mreuddwyd drosot ti, fy ngwlad;
Codaswn it — O, pes mynasit — gaer fai bêr;
Ond un â'r seren wib, deflir o blith y sêr
I staenio'r gwyll â'i gwawr a diffodd, yw fy stad.

MARWNAD SYR JOHN EDWARD LLOYD

Darllenais fel yr aeth Eneas gynt
Drwy'r ogof gyda'r Sibil, ac i wlad
Dis a'r cysgodion, megis gŵr ar hynt
Liw nos mewn fforest dan y lloer an-sad,
Ac yno'n y gwyll claear
Tu draw i'r afon ac i Faes Wylofain
Gwelodd hen arwyr Tro, hynafiaid Rhufain,
Deïffobos dan ei glwyfau, drudion daear,

Meibion Antenor ac Adrastos lwyd;
A'i hebrwng ef a wnaent, a glynu'n daer
Nes dyfod lle'r oedd croesffordd, lle'r oedd clwyd,
A golchi wyneb, traddodi'r gangen aur,
Ac agor dôl a llwyni'n
Hyfryd dan sêr ac awyr borffor glir,
Lle y gorffwysai mewn gweirgloddiau ir
Dardan ac Ilos a'r meirwon diallwynin.

Minnau, un hwyr, yn llaw hen ddewin Bangor
Euthum i lawr i'r afon, mentro'r cwch,
Gadael beiston yr heddiw lle nid oes angor
A chroesi'r dŵr, sy ym mhwll y nos fel llwch,
I wyll yr ogofâu
Lle rhwng y coed y rhythai rhithiau geirwon
Gan sisial gwangri farw helwyr meirwon
Nas clywn; nid ŷnt ond llun ar furiau ffau.

Yna daeth golau a ffurf fel gwawr a wenai,
Helm a llurig yn pefrio ac eryr pres
A chwympo coed, merlod dan lif ym Menai,
Palmantu bryniau a rhaffu caerau'n rhes:
Tu regere . . . populos,
Mi welwn lun Agricola yn sefyll
Ar draeth ym Môn, murmurai frudiau Fferyll,
A'r heli ar odre'r toga'n lluwch fin nos.

Ac ar ei ôl mi welwn ŵr yn troi
Oddi ar y ffordd i'r fforest, i glirio llain
A hau ei wenith a hulio bwrdd a'i doi;
Ac yn ei ystum 'roedd cyfrinach. Gwnâi'n
Araf arwydd y groes,
Ac adrodd geiriau atgofus dros y bara,
A chodi cwpan tua'r wawr yn ara',
Penlinio a churo'i fron, cymuno â loes.

Petrusais: 'Gwn, tra pery Ewrop pery'r
Cof am y rhain; ni byddant feirw oll,
Seiri ymerodraethau'r Groes a'r Eryr;
Eu breuddwyd hwy, a glymodd dan un doll,
Un giwdod ar un maen,
Fôn a Chyrenaïca, fu sail gobeithio
Dante a Grotius, bu'n gysgod dros anrheithio
Ffredrig yr Ail a Phylip brudd o Sbaen.

Ond yma ym mro'r cysgodion y mae hil
Gondemniwyd i boen Sisiffos yn y byd,
I wthio o oes i oes drwy flynyddoedd fil
Genedl garreg i ben bryn Rhyddid, a'r pryd —
O linach chwerw Cunedda —
Y gwelir copa'r bryn, drwy frad neu drais
Teflir y graig i'r pant a methu'r cais,
A chwardd Adar y Pwll ar eu hing diwedda';

Pa le mae'r rhain?' Ac wele neuadd adwythig,
Gwely'n y canol, esgob, archddiagon,
Claswyr corunog, prioriaid Caer, Amwythig,
Yn iro llygaid tywyll uthr bendragon,
Ac yntau'n tremio o'i henaint
Ar ffiord yn Llychlyn, llongau Gothri ar herw,
Ogof Ardudwy, geol Hu Fras, Bron 'r Erw,
Helbulon saga oes a'i loes dan ennaint.

A gwelais grog ar lawnt a dwylo drudion
Yn estyn tuag ati rhwng barrau heyrn,
Oni ddaeth llong o Aber a rhwyfwyr mudion,
Tyrs ar y lli a lludw ar wallt teyrn
A chrog rhwng dwylo ar sgrin . . .
A dacw ben ar bicell, a rhawn meirch
Yn llusgo yn llwch Amwythig tu ôl i'w seirch
Gorff anafus yr ola' eiddila' o'i lin.

Ac ennyd, megis paladr fflam goleudy
Dros genlli'r nos, fflachiodd agennau'r gaer
A saif ar graig yn Harlech, etifedd deudy
Cymru'n arwain coron, dawns i'r aer;
Yna ger Glyn y Groes
Rhoes ail Teiresias ym mhylgain Berwyn
Ddedfryd oracl tynged, a bu terfyn;
Toddodd ei gysgod yn y niwl a'i toes.

Fel hwnnw a ddringodd sblennydd gwlad anobaith,
Trois innau at fy mlaenor, 'A all dy fryd
Esgyn i glogwyn tymp a chanfod gobaith?
Eu hiaith a gadwant, a oes coel ar frud?
A gedwir olaf crair
Cunedda o drafael cur ei feibion oll?'
Ond ef, lusernwr y canrifoedd coll,
Nid oedd ef yno mwy, na'i lamp na'i air.

Puraf a Thisbe

(Cyfieithiad o Ofydd: Met. IV, 55–166)

Yn y ddinas y cododd Semiramis fur o briddfeini
o'i chwmpas, drws nesaf i'w gilydd fe drigai llanc,
Puraf, o'r llanciau'r harddaf, a hithau, Thisbe,
y llances ddisgleiriaf a feddai'r Dwyrain oll.
A'u nesed, dal sylw ar ei gilydd, y camau cyntaf,
a droes gydag amser yn serch; a phriodi a fynasent,
ond gwaharddai'r rhieni; eithr un peth ni allent ei wahardd,
cyfartal y llosgai calonnau'r ddau dan y swyn.
Llatai ni feddent; ag amnaid a munud y dywedent,
ond po fwyaf yr huddid mwya'r mud-losgai'r tân.
Yn y wal ganol rhwng y ddau dŷ yr oedd crac,
agen a adawsid yn fain wrth ei gwneuthur gynt;
beth nas clyw serch? Y nam na sylwasid arno
am hir genedlaethau, chwi gyntaf, gariadon, a'i canfu
a'i droi llwybr i'r llais, a thrwyddo'n ddiogel
tramwyai grŵn murmuron eu mwyneiriau.
Mynych wedi iddynt sefyll, yma Thisbe a Phuraf acw,
ac wedi dal ar bob anadl o enau ei gilydd,
'Eiddig o wal', ebr hwy, 'paham y rhwystri gariadon?
Mawr na edit ein huno gorff wrth gorff;
neu, a bod hynny'n ormod, nad agorit i newid cusanau.
Ac eto cei'n diolch: i ti cyfaddefwn ein dyled
am ddarpar i'n geiriau ffordd i glustiau serchus.'
'Nôl siarad, er gwaetha'r gwahanu, felly ynghyd,
gyda'r nos canu'n iach a dodi bob un ar y mur
gusan na fedrai dreiddio i'r ochor draw.
A thrannoeth wedi i'r wawr wasgaru'r sêr
a'r haul â'i belydr sychu'r glaswellt barugog,
i'r unfan y dychwelasant. Tost gwyno gyntaf
dan sisial, yna cytuno pan ddôi nos lonydd
y ceisient osgoi eu gwylwyr a llithro allan,
dianc o dref, gadael hefyd gyfannedd y ddinas,
a rhag iddynt golli ei gilydd wrth grwydro'r caeau
gwneud oed wrth feddrod Ninos i guddio dan gysgod
y pren, pren llwythog gan ffrwyth o liw yr eira,
merwydden dal a oedd yno ger ffynnon fel iâ.
Bodloni i'r cynllun; hir ganddynt y dydd yn diweddu,
er hynny cwymp dydd dan y don ac o'r don daw nos.

Y mae Thisbe'n agor y drws, yn llithro'n ddirgelaidd
drwy'r gwyll heb gâr yn ei gweld; a'i hwyneb dan gwfl
cyrhaeddodd y beddrod a'i bwrw ei hun dan y pren;
rhôi serch iddi galon. Eithr och, dacw lewes yn nesu,
a'i safn yn wlyb a choch gan newyddwaed gwartheg,
i dorri ei syched yn nŵr y ffynnon gerllaw.
A Thisbe Fabilonaidd, draw yn y lloergan
fe'i canfu, a ffoes dan grynu i gysgod ogof,
ac wrth iddi ffoi gollyngodd ei mantell i'r llawr.
Hir yfodd y llewes ffyrnig, diwallodd ei syched,
ac wrth fynd yn ôl i'r coed daeth ar draws y dilledyn
ysgafn, diberchen, a'i rwygo â'i genau gwaedlyd.
Toc ar ôl hynny daeth Puraf a gweld yn y llwch trwchus
amlwg frisg yr anifail, oni welodd ei wyneb oll.
Eithr wedyn, pan ganfu'r fantell wedi ei maeddu â gwaed,
''Run nos', ebr ef, 'a ddwg i ddau gariad dranc;
a hi oedd yn haeddu fwyaf estyn ei heinioes
canys arnaf i y mae'r bai; myfi, fy ngeneth, a'th laddodd,
gan dy siarsio i ddyfod liw nos i'r perygl hwn
heb gyrraedd gyntaf fy hun. O, rhwygwch fy nghorff,
derniwch fy nghnawd euog â'ch dannedd creulon,
chwi lewod oll y bo'ch ffau dan y graig hon!
Ond llwfr a ddeisyfo dranc!' Cododd ef fantell Thisbe
a'i dwyn gydag ef i gysgod pren yr oed,
ac wrth roi i'r wisg ei ddagrau, wrth roi arni gusanau,
'Cymer', ebr ef, 'hefyd ac yf yr awron o'm gwaed.'
Y cleddau a oedd wrth ei wregys, fe'i bwriodd i'w ystlys,
yna'n sydyn, cyn marw, fe'i tynnodd o'r clwyf twym.
Ymgollyngodd i'w gefn ar y llawr, a sbonciodd y gwaed
megis pan dorrer pibell gan wall yn y plwm
a thrwy'r twll bychan sy'n sïo yr arllwys llif
hirfain o ddŵr a gwanu'r awyr â'i ffrydio.
Try'r ffrwythau'n ddugoch dan daenelliad y gwaed,
mwydir y gwraidd â'r gwaed, a dyry ei wawr
borffor ar y mwyar crog uwchben.

Ac wele, rhag siomi ei chariad, heb esgor ei braw
y mae hithau'n dychwelyd i'w geisio â llygad a bryd,
gan awchu am ddweud pa beryglon a osgoes.
Edwyn y fan, dacw lun y pren megis gynnau,
ond mae lliw'r ffrwyth yn ei drysu: ai hwn, tybed, yw?
Ar ganol ei phenbleth fe wêl ar y pridd creulyd
gorff a'i aelodau'n gwingo; sythodd ei cham;
glasach ei gwedd na'r bocs; daeth drosti ias
fel crynu môr pan gyffyrdder gan awel fain.
Ond wedi iddi sefyll ac adnabod ohoni ei chariad
mae'n curo'i breichiau gwirion dan wylofain
a rhwygo'i gwallt; cofleidia gorff ei hanwylyd
gan lenwi'i glwyfau â'i hwylo a chymysgu'i dagrau
â'i waed; ar wyneb sy'n oeri dyd ei chusanau
gan weiddi, 'Puraf, pa ddamwain a'th gipiodd di rhagof?
Puraf, ateb, dy anwylaf Thisbe sy'n galw,
clyw fi a chyfod dy ben llipa o'r llawr!'
Ar enw Thisbe agorodd Puraf amrannau
trwm dan yr angau; fe'i gwelodd a chaeodd hwynt.
Canfu hi wedyn ei mantell a'r wain ddi-gledd
o ifori gwag: 'Dy law dy hunan a'th serch',
ebr hi, 'O druan, a'th laddodd. Ond i'r unpeth hwn
mae i minnau law gref, hafal serch, i roi grym yn fy ergyd.
Canlynaf di'n farw ac achos a chymar dy dranc
y'm gelwir i dristaf. Na fedrodd onid yr angau
ei rwygo, Och, oddi wrthyf, nis rhwyga na'r angau chwaith!
Chwithau, rieni trallodus i mi, iddo yntau,
erglywch ein deisyfiad ni'n dau yn y peth hwn:
a unodd serch diysgog ac awr marwolaeth,
na omeddwch inni ein claddu yn yr un bedd.
A thithau, bren, sy'n awr yn gordoi â'th ddail
druenus gelain un, a buan y cei ddwy,
cadw di nodau ein tranc, dwg dy fwyar byth
yn bygliw a gweddus i alar er cof am ein trychni dwbl.'
Tawodd, rhoes flaen y cledd o dan ei bron
ac ymdaflu arno ac ef eto'n dwym gan waed.
Clywodd y duwiau ei gweddi, fe'i clybu'r rhieni,
canys du yw ffrwyth y merwydd pan aeddfedo,
ac yn yr un wrn rhoed llwch y ddwy gelain losg.

MARWNAD THOMAS GWYNN JONES

Darfu am drad marwnadau,
clod ar gerdd dafod a dau;
dibwynt cain ystrydebau
oesau fu yn yr oes fau.
I deigr iaith ai dagrau a wedd?
Ffagl a miragl fu'r mawredd.
Hen ludw ein truan lediaith,
arwyl dlawd ar aelwyd laith,
droes yn fflam, da rosyn fflwch,
yn ei ddwylo yn ddilwch,
awchlem fflam ddiymachlud,
edrychwch, synnwch ei sud —
Madog, Tir na n-Og, Gwlad Hud,
Enlli, Gwernyfed danllyd,
Broseliawnd, ba eres lwyn,
ynys Arthur a'r gwanwyn;
arnyn' chwardd, heb oerni chwith,
aruthr haul têr athrylith,
blodau nis lladd un bladur,
enaid fflam i'r diemwnd fflur.
Deled nos o dlodi i'n hiaith
a difadu'r dafodiaith
gan stomp gynghorau, gan stwns
eilias prifysgol aliwns,
saif d'awdlau, gleiniau dy glod,
dda awenydd, i ddannod
diffodd fflam, genedl wamal,
mwy nis cynn darn seisyn sâl.
Dy Fanion yw'r farn arnom,
dy Gerddi dy weddi o'r dom
am wawr Anatiomaros,
am roi o'r niwl Gymru'r nos.

DIFIAU DYRCHAFAEL

Beth sydd ymlaen fore o Fai ar y bronnydd?
Edrychwch arnynt, ar aur y banadl a'r euron
A'r wenwisg loyw ar ysgwyddau'r ddraenen
Ac emrallt astud y gwellt a'r lloi llonydd;

Gwelwch ganhwyllbren y gastanwydden yn olau,
Y perthi'n penlinio a'r lleian fedwen fud,
Deunod y gog dros ust llathraid y ffrwd
A'r rhith tarth yn gwyro o thuser y dolau:

Dowch allan, ddynion, o'r tai cyngor cyn
Gwasgar y cwning, dowch gyda'r wenci i weled
Codi o'r ddaear afrlladen ddifrycheulyd
A'r Tad yn cusanu'r Mab yn y gwlith gwyn.

LLEUAD MEHEFIN

Neithiwr ganolnos
'Roedd lleuad yn llawn mewn ffurfafen,
Mewn gwagle di-seren, di-nifwl,
Yn yr affwys di-nos.

Nid oedd na chysgod yn crynu na chwiban dylluan
Yn yr anghyfanedd-dra lloerig.
Bu farw y byd.

Hiraeth yn hunllef hinon
Am feddrod diystyr lloer.

I'R DDRAIG GOCH
AR BEN CHWARTER CANRIF

Aeth chwarter canrif heibio a rhoi ei llwch
ar hwyl Machynlleth, tân llanc o'r Sorbonne;
mud yw pesychu H.R., ond ei Ddraig Goch
a ddyry eto i'r ifanc gychwyn tân tan fron.

LAVERNOCK

Gwaun a môr, cân ehedydd
yn esgyn drwy libart y gwynt,
ninnau'n sefyll i wrando
fel y gwrandawem gynt.

Be' sy'n aros, pa gyfoeth,
wedi helbulon ein hynt?
Gwaun a môr, cân ehedydd
yn disgyn o libart y gwynt.

Nodiadau Mis Awst, 1953

1. Y Gegwen

Y fechan chwim, y gegwen,
  Dan flodau cochion y ffa
Wrth hela buchod morgrug
  Cododd iâr fach yr ha';

Ffwrdd â nhw, pili pala,
  Zig-zag, fel chwarae mig:
Cyn cyrraedd y pren fala'
  Mae'r gegwen yn wen ei phig.

2. Vanessa Io

Ymerodres gloynnod Duw
Ar orsedd pwmpaliri ar daen
A'i dwy aden fel llyw'r paun
Neu wyntyll Cleopatra'n fyw.

3. Eirin Gwlanog

Melfed yr haf ar dafod, a phêr ias
  Blas ei ffrwyth ar daflod,
  Fferf a gwyrdd a phorffor god
  Y daeth gwaed Awst i'th geudod.

SENEDD I GYMRU

Mor neis fai cael drwy ddeiseb
neu siawns S. O. Davies, heb
gyrchu o neb i garchar
na baw gwaed, ond wyneb gwâr
a gwên fêl yn gofyn fôt,
senedd, Barc Cathays, ynot,
senedd fel dy Deml Heddwch
i rawt cachaduriaid trwch
Cymru boluglot flotai,
nasiwn ben ôl Ness, neb a *Nye*.

ENGLYNION Y CLYWED

A glywaist ti gân Thomas,
O'r croesaniaid y Primas:
Harold, fy nghig a'm potas.

A glywaist gân Elystan
Yng nghoridor San Steffan:
Gwyn fyd Gwynfor asgre lân.

A glywaist ti gân Cledwyn
Rhwng Penrhos a Rhoscolyn:
Rio Tinto Fôn felyn.

A glywaist gân Oronwy
Ar saffari uwch Conwy:
Llais Duw yw llais yr aswy.

A glywaist o Dŵr yr Eryr
Ffair aer estron annifyr
Ar ocsiwn i Americanwyr?

DYCHWELYD

Bûm ifanc yn caru. Mae cariad
Yn lladd byd o bobl ar drawiad:
'Does neb yn bod ond fy nghariad.

Mae myrdd goleuadau'r cread
Yn diffodd yn rhin yr eiliad:
'Does na haul na lloer ond fy nghariad.

Weithian mi wn anobeithio.
Anobaith, anobaith, mae'n chwalu pob bod
Yn ulw â'i gnulio.

MAI YN YR ARDD

I

Gweld cyw aderyn y to
Yn ymdrochi'r tro cynta' mewn dŵr
A'i esgyll yn tasgu'r clychau
Fel trochion leilac.

II

O'r môr y daeth adenydd,
O nofio daw'r wennol ddu,
Trwy hanner can miliwn mlynedd
Cywreiniwyd ei hesgyll a'i phlu
Yn saeth fyw'n treiddio awyr
Obry, ar ŵyr, eto fry
A chysgu yn entrych yr wybren
Ar ei haden, dan y sêr, gyda'r llu.

ET HOMO FACTUS EST.
CRUCIFIXUS ...

(Nadolig 1971)

A'i wneud yn ddyn. Croeshoeliwyd ef.
Pa arall rawd, pa arall ffawd
A allai mab y nef?
Lladd yw greddf gyntaf dynol-ryw,
Ysfa'r amoeba yw;
Caneuon poen a chathlau perig'
Fu cerddi dwysa'r myrddiynau prae
Er pan fu naddu'r bwyeill cerrig
Yn nrysau'r ogofâu,
Miliynau cenedlaethau gwae
Planed ddi-nod
Ar goll yn annherfynol wacter bod.

Ac yma ym mhwll y gwyll
Yng ngaea'r ddaear,
Yn uffern eithaf hanes ein hil ddryll,
Goleuwn gannwyll am eni mab i'n rhan
A chodwn ef o'i grud —
Mae'n drwm y baban gwan,
Mae arno bwysau holl aeonau pechod —
Ond codwn ef a'i ladd,
Fi Caiaffas,
Ti Teiresias,
A'i osod uchod
Yn allor nadd
O ing y byd
I un sy, hebddo ef, Dduw nid adweinir.

Plentyn Siawns

Mae siawns yn drysu proffwydi
Ac oes aur Marx a Teilhard de Chardin yn hawlio
                    datblygiad di-ddis.
Ni ellir darpar chwyldro
Na dal y dyfodol yn rhwydi
Compwtor. Nid o ris i ris
Y mae bywyd yn dringo,
Ond rhoi llam o safn pysg a chael esgyll
Neu godi ar ddeudroed a chael llaw.

Heddiw mae'r gwyddonwyr yn haeru
Fod daearau lu ym mhlanedau'r bydysawd
A'u hinsoddau fel a fagodd ddyn,
Mynnant eu cyfarch a'u caeru.
Ond os damwain yw dyn, ffawd neu anffawd,
Efallai nad oes ond yr un
Hwn yn yr holl sêr-glystyrau,
Yma ychydig oriau,
Y plentyn siawns yn y tragwyddoldeb distaw:
A oes neb, a oes un, a estyn iddo law?

MAI 1972

Eto mae'r berllan yn caroli
Eto mae porffor y leilac fel Twtancamŵn ifanc
Eto awr wedi'r wawr mae persawr y bore
Yn esgyn o'r gwlith
Mae'r ddaear newydd ei geni'n ddihalog wyrf
Clywed ei hanadlu
Rhoi ewin dan ddeilen briallu
Gwrando cyfrinach y gwenyn
A'r fwyalchen effro ar ei nyth
Profi eto am ennyd
Baradwys.

BAWCIS A PHILEMON

(Cyfieithiad o Ofydd: Met. VIII, 618–720)

. . . Difesur yw gallu'r nefoedd a heb iddo derfyn,
pa beth bynnag a fyn y rhai uchod, hynny'n llwyr a gwblheir;
ac fel yr amheui di lai — yn y blaenau yn Phrygia
mae derwen a gwaglwyfen wrth ei gilydd a mur go isel o'u
                      cwmpas;
mi welais y fan fy hunan, gan i Pithews fy nanfon
i dalaith Pelops ei dad a fu yno yn frenin gynt.
Nepell oddi yno mae cors, tir cyfanheddol unwaith,
yn awr yn llyn lle yr heigia ieir hesg ac adar y môr;
yma yn null dyn y daeth Iau, ac yn gwmni i'w dad
ŵyr Atlas, y byrllysgydd, a'i esgyll wedi eu diosg;
i fil o gartrefi y daethant gan ddeisyf lloches a gorffwys,
mil o gartrefi a fariodd eu drysau; ond croesawodd un hwynt,
tŷ isel a'i do o wellt ac o hesg y gors;
ond Bawcis yr hen wraig dduwiol a'i chyfoed Philemon
yno a unwyd yn eu hieuenctid, ac yno'n
y bwthyn heneiddio ynghyd, ac o gydnabod eu tlodi
ei beri'n ysgafnach heb ei ddwyn â meddwl anfodlon.
Waeth heb â gofyn yno am feistri neu am weision,
hwy ill dau oedd y teulu oll, hwy'n erchi, hwy'n gweini'r
                      un fath;
felly pan gyrhaeddodd y nefolion y tipyn twlc
a chan grymu eu pennau ddod i mewn drwy'r gilddor isel,
archodd y cleiriach iddynt roi eu pwysau ar fainc ger eu llaw
y taflodd Bawcis garcus arni glwt o gerpyn;
a chynhyrfa hi ludw claear yr aelwyd a deffro marwor
doe a'u porthi â dail ac â rhisglyn crin,
a'u cynnau'n fflamau â chwythiadau hen wreigan;
o'r to fe dynn hi gnapiau pîn a phriciau sych
a'u torri a'u trefnu dan ei challor bychan,
a'r bresych a gasgla'i phriod o'r ardd amddyfrwys,
fe'u tocia o'u dail. Cyfyd yntau â'i bicfforch gig
myglyd cefn mochyn sy'n hongian o'r trawst du
a thyrr ymaith ddernyn o'r cefn a gadwyd mor hir
ac wedi ei dorri ei dyneru yn y dŵr berwedig.
Yn y cyfamser fe siomant yr oriau â'u sgwrsio.

Taenant obennydd o hesg meddal yr afon
ar lwth a'i ffrâm a'i draed o bren yr helyg,
gorchuddiant hwn â brethynnau nad arfer ganddynt eu lledu
oddieithr ar ddyddiau gŵyl, ond dillad treuliedig a gwael
ydyw'r rhain hefyd, cymheiriaid i helyg y glwth.
Daw'r duwiau ar y glwth bwyta. Gan grynu a'i brat amdani
mae'r wreigan yn gosod y bwrdd, ond mae un o'r tair coes
                    yn fer;
darn crochan i'w gwastatáu; wedi cywiro'r gwyriad
glanha hi wyneb union y bwrdd â mintys o'r ardd.
Rhoi arno wedyn rawn deuliw Minerfa eirwir
a'r ceirios hydrefol a biclwyd mewn gwlyb o waddod gwin,
ysgall y meirch a rhuddygl a thelpyn o laeth wedi ceulo
ac wyau a drowyd yn ofalus yn y marwor claear,
y cwbl mewn llestri pridd. Ar ôl y rhain ceir ffiol
gerfiedig o'r unrhyw arian gyda chwpanau o ffawydd
a'u tu-mewn wedi ei farneisio â chŵyr melyn.
Ychydig egwyl ac fe enfyn y tân ei fwydydd poeth
ac eto daw'n ôl y gwinoedd heb iddynt fawr o oed,
a'u gosod o'r neilltu dro i roi ffordd i'r ail gwrs.
Wele gnau, wele ffigys sych gydag aeron palmwydd crychiedig
ac eirin a 'falau persawr mewn basgedi llydain
gyda grawnsypiau wedi eu tynnu o'r gwinwydd porffor,
gwyn yn eu canol dil mêl; ac uwchben y cwbl
wynebau siriol yn gwadd a chroeso na swrth na chrintach.
Beth bynnag, pan welant hwy'r ffiol wedi yfed ohoni yn ail-lenwi
ohoni ei hun, a'r gwin ar ei ben ei hun yn cynyddu,
yn syfrdan gan y rhyfeddod a'u dwylo tuag i fyny
arswyda Bawcis a Philemon ofnus a gweddïant ynghyd
gan erfyn maddeuant am eu darpariaeth ddiarlwy;
un wŷdd a oedd iddynt, gwarcheidwad eu treftad fechan,
hon a fynnai'r perchnogion ei lladd i'w gwesteion y duwiau;
hithau'n fuan ei haden, hi flinodd y musgrell gan henoed
a dianc rhagddynt yn hir, ac o'r diwedd fe'i gwelid am noddfa
yn ffoi at y duwiau eu hunain. Gwaharddodd y nefolion ei lladd.

'Duwiau ydym ni' meddent hwy 'ac i'r fro annuwiol yma
fe ddaw'r gosb a haedda; eithr chwi, fe'ch rhyddheir o'r
                              trychineb,
ond yn awr gadewch eich cronglwyd a dilynwch ein camre ni
a mynd gyda'ch gilydd i grib y mynydd acw.'
Ufuddhaodd y ddau a chan bwyso ar eu ffyn
ymlafnio i osod eu traed ar y gorallt hir.
Cyn belled oeddynt o'r pen ag a fedrai saeth o annel,
troesant eu golwg a gwelsant y cwbl o'u cwmpas yn suddo
mewn morfa gwlyb, ond eu to hwy eu hunain yn sefyll;
a hwythau'n synnu at hyn ac yn wylo tynged eu pobl,
yr hen fwthyn hwnnw, a fu'n gyfyng i deulu o ddau,
fe'i trowyd yn deml; lle bu polion pren caed colofnau,
troes gwellt y to'n felyn a gwelwyd y nen yn aur,
drysau cerfiedig a'r llawr pridd dan orchudd o farmor.
Yna llefarodd mab Sadwrn fel hyn â'i enau llariaidd:
'Dywedwch, yr hen ŵr cyfiawn a'r wreigdda, ei gymar teilwng,
beth yw'ch dymuniad?' Wedi gair neu ddau gyda Bawcis
mynegodd Philemon ddewis y ddau i'r duwiau:
'Cael bod yn offeiriaid a gwarchod eich teml yma,
dyna a geisiwn, a chan inni oesi mewn cytgord
boed i'r un awr ein cymryd ni'n dau, fel na welwyf i fyth
feddrod fy mhriod, ac na chaffo hithau fy nghladdu.'
Gwarantwyd eu cais. Buont hwy yn geidwaid y deml
tra estynnwyd iddynt eu heinioes. Ar ymollwng gan ddyddiau
                              ac oed
a hwythau'n digwydd sefyll o flaen y grisiau santaidd
ac yn sôn wrth ei gilydd am helyntion y fan, gwelodd Bawcis
Philemon, a'r henwr Philemon, gwelodd yntau Fawcis, yn deilio,
ac eisoes, a brigau'r coed yn cau dros y ddau wyneb,
tra oedd modd, â'r un geiriau, cyfarchasant ei gilydd, 'Ffarwél,
O, fy mhriod', dywedasant ynghyd, a'r un ffunud fe gaeodd
y coed ar wynebau cudd. Mae preswylwyr Bithynia hyd heddiw
yn dangos y ddau bren cyfagos a dyfodd o foncyff efeillaidd.

GWEDDI'R TERFYN

Mae'n brofiad i bawb na ŵyr neb arall amdano.
Pob un ar ei ben ei hun yn ei ddull ei hun
Piau ei farw ei hun
Trwy filiynau blynyddoedd yr hil.
Gellir edrych arno, gellir weithiau adnabod yr eiliad;
Ni ellir cydymdeimlo â neb yn yr eiliad honno
Pan baid yr anadlu a'r person ynghyd.
Wedyn? Nid oes yn ymestyn i'r wedyn ond gweddi'n ymbalfalu.
Mor druan yw dyn, mor faban ei ddychymyg:
'Yn nhŷ fy Nhad y mae llawer o drigfannau',
Cyn dloted â ninnau, yr un mor ddaearol gyfyng
Oedd ei athrylith yntau ddyddiau yr ymwacâd.
Ninnau ni fedrwn ond felly ddarlunio gobaith:
'Mae'n eistedd ar ddeheulaw Dduw Dad hollalluog' —
Cadfridog a'i orfoledd drwy ddinas Rufain
Wedi'r enbydrwydd mewn Persia o greadigaeth
A'i goroni'n Awgwstws, Cyd-Awgwstws â'i Dad —
Mor ddigri yw datganiadau goruchaf ein ffydd.
Ac o'n cwmpas erys mudandod a'r pwll diddymdra
Y syrth ein bydysawd iddo'n ddison ryw nos.
Ni all ein geiriau olrhain ymylon mudandod
Na dweud Duw gydag ystyr.
Un weddi sy'n aros i bawb, mynd yn fud at y mud.

BREUDDWYD

Neithiwr mewn breuddwyd daeth imi ddau barsel o win
ar lun dwy arch o'r flwyddyn mil-naw-pump-un
ac ar yr eirch yn gerfiedig y geiriau brwnt:
Beati Illyrii qui non sunt.

PAUL SCARRON
1610–1660

(Cyfieithiad o feddargraff parodïwr enwocaf Ffrainc iddo'i hun wedi hir ddioddefaint)

Gwybu sy'n gorwedd yma i lawr
Dosturi lu, genfigen lai,
Milwaith fe brofodd cyn ei awr
Bangau yr angau yn ddi-drai;
Estron, bid ysgafn lam dy droed,
Gwylia rhag torri ar gwsg y dyn,
Can's hon yw'r noson gynta' erioed
I Scarron druan brofi hun.

CYFARCH

Eto mae elwch,
Nid af dan bwdu i'r llwch;
Mae'r deugain mlynedd o Gymru glên
A'r cyfreithlondeb marwol ar ben;
Mwy, os bydd marw, bydd gwaed
Nid llysnafedd dan draed;
Ni chredais y gwelwn yr awr —
Taflwyd carreg at gawr;
Pendefigion ein Planed,
Pennar, Meredydd, Ned.

Gair at y Cymry

Chwi Gymry fy ngheraint
A fagodd freuddwydion o foeth ar laeth a bron Cymraes
Ac a gasglodd gof a chydwybod a holl euogrwydd llencyndod
A barn ar dda a drwg
O eirfa tad a mam a lleisiau capel neu lan
Gan nad oes Cymraeg heb y rheini,
Ystyriwch yn awr a bernwch,
Chwi Gymry Cymraeg:
Mae llywodraeth y deyrnas yn cyhoeddi eich diwedd
Ac na bydd Cymru Gymraeg;
Llofruddiaeth yw nod y llywodraeth
Ers chwe chanrif
A heddiw fe wêl ei bodloni.
Y lladd nas ceisiodd y Concwest,
Nas medrodd brad yr Uno,
Nas llwyddodd y mil blynyddoedd o dlodi
Di-urddas, di-ddysg, di-foes,
Heddiw mae pleser a masnach pleser a'i rhaib a'i thruth ym
                              mhob cegin a pharlwr o'n gwlad,
Dan nawdd y llywodraeth,
Yn diffeithio ein teuluoedd a'u ffydd,
Yn cyflawni ein tranc.

   Gweithred gormeswr yw trais, *summa iniuria,*
Priodoledd llywodraeth anghyfiawn,
'Gnawd wedi traha tranc hir' —
Oni ddaw sgytiad a her i genedl Cymru, a deffro sydyn,
A datgan i'r byd
Mai gwaed sydd i'w gwythiennau
Ac na bydd hi farw heb dystion
Pe na baent ond tri.

EMYNAU

AVE MARIS STELLA

Afe, seren foroedd
    Dirion Fam ein Duw,
Ddedwydd borth y nefoedd,
    Fythol forwyn wiw.

Drwy yr Afe gynta'
    Ganodd Gabriel
Pan droes enw Efa —
    Dy dangnefedd ddêl.

Datod rwymau'r caethion,
    Pâr oleuni i'r dall,
Eiriol am fendithion,
    Chwâl ddrygioni'r Fall.

Mam wyt ti, a throsom
    Gwrendy ef dy gri,
A oddefodd erom
    Ei eni'n fab i ti.

Forwyn ddihefelydd
    Y dyneraf un,
Ninnau, yn eneidrydd,
    Gwna ni'n lân a chun.

Pura ni a'n llesu.
    Cadw ein ffordd yn iawn
Fel pan welom Iesu
    Y cydlawenhawn.

I Dduw'r Tad bid moliant,
    I Grist, uchaf clod,
Ac i'r Ysbryd Gwirsant,
    Tri yn Un erioed.

AVE VERUM CORPUS

Henffych well, wir gorff a anwyd
    o Fair Forwyn erom ni,
Ac â phoenau angau lanwyd
    er mwyn dyn ar Galfari;

Ti, o'th ystlys pan drywanwyd
    yr arllwysodd gwaed yn lli,
Pan ddêl awr y tranc a rannwyd
    inni, rho dy brofi di.

    O f'annwyl, O fwynair,
    O Fab y Forwyn Fair

TANTUM ERGO

Y Sagrafen yma weithion
    Parchwn gan ymgrymu i lawr;
Cilia o'i blaen yr hen arwyddion,
    Defod newydd ddaeth yn awr;
I'n synhwyrau a'u diffygion
    Rhodded ffydd ei chymorth mawr.

Boed i'r Tad a'r Mab yn unwedd
    Fawl ac orohïan mwy,
Pob penllâd a chlod a rhinwedd
    Fyddo, a bendithiwn Hwy,
Caffed Yntau gydogonedd
    Sydd yn hanu ohonynt hwy.

AVE REGINA CAELORUM

Henffych well, Frenhines nefoedd,
Feistres yr angylaidd luoedd;
Molwn di, O borth a ffynnon
Y Goleuni a ddaeth i ddynion.

Llawenha, O forwyn euraid,
Ddetholedig o greaduriaid,
Ac ar Grist, O briodola',
Drosom ninnau dwys eiriola.

Dic Maria i

Dywed, Fair, pa bryd i'n llesu
Y derbyniaist i'th fru Iesu?
    Gwelais gennad Duw yn canu
    Ger fy mron a'm syfrdanu.

Dywed, Fair, pa nefol riniau
Ganodd Gabriel ar ei liniau?
    'Afe, ffiol trugareddau
    i druenus hil camweddau'.

Dywed, Fair, pa orfod fu
Iti dderbyn Duw i'th fru?
    Rhydd y creodd Duw bob oed,
    Ni thresbasodd ef erioed.

Henffych well, O ufudd eiddgar,
Syndod y seraffiaid treiddgar,
    Mam a morwyn, dôr a ffynnon
    Y Goleuni a ddaeth i ddynion.

STILLE NACHT

Tawel nos, santaidd y nos,
Eira ail dail y rhos
Sydd yn llathru'r to, a Mair
Ar ei gliniau yn y gwair;
Wele mewn preseb mae Duw.

Tawel nos, santaidd y nos,
Llonydd wyn, llyn a ffos;
Cariad biau'r awr, mae'r ŵyn
Difref cyntaf ger y twyn;
Wele, fe anwyd Oen Duw.

Rhosyn Duw

Ar hen bren o feddrod Adda,
Du a chnotiog foncyff Iesse,
Impiwyd cainc o nef, a heddiw,
O hosanna, O hosanna,
Wele rosyn Duw.

Yn y nos ddi-sêr, ddiloergan
Pwll y gaea', ym musgrellni
Hen y flwyddyn, dacw Faban,
Mab Marïa, O Sibila,
Ganwyd Brenin Nef.

Caned robin ar yr eira,
Caned Melchior i'w gamelod,
Caned Fyrsil gyda Bwdha:
Mab Marïa, Alelwia,
Eia Jesu, Alelwia,
Clod i'w enw, clod.

O Salutaris Hostia

O Aberth Iechydwriaeth sydd
Yn llydan-agor porth y nef,
Fe'n gwesgir gan y frwydr brudd,
Dwg inni gymorth â'th fraich gref.

I'r Arglwydd sydd yn Un a Thri,
Trwy dragwyddoldeb boed mawrhad.
A rhodded Ef o'i ras i ni
Fywyd di-dranc yn ein tref-tad.

O! Galon Crist

O! galon Crist,
Ein lloches ni a'n nod,
Cawn bwyso arnat tra fôm byw
Ac yna yn eisteddfod Duw
Datganu'th glod.

O! galon Crist,
Ein pechod ni fu'r cledd
A drawodd waed o'th fynwes drud
A'th dorri a'th arllwys dros y byd
Yn ffrwd o hedd.

O! galon Crist,
Ffynnon pob hedd a gaed,
Mae'n dagrau edifeiriol ni
Yn deillio o dan dy ystlys di
A'r gawod waed.

O! galon Crist,
Mae'n hangau ninnau draw —
Boed inni bwyso ar dy fron
A chroesi'r afon olaf hon
Heb frys, heb fraw.

DIC MARIA II

(Gŵyl Fair)

Dywed, Fair, ai teg ai trist
Neges Gabriel am Grist?
Cathl ehedydd oedd fy nhŷ
Yn canu yn nôr y nefoedd fry;
Yno y trigais, oni bu
A thynnu gorsedd gras i'm bru.

ATODIAD

Drwy garedigrwydd Mr Dafydd Ifans, Ceidwad Cynorthwyol yn Adran Llawysgrifau a Chofysgrifau Llyfrgell Genedlaethol Cymru, fe dynnwyd fy sylw at y gerdd hon wedi i gorff y gyfrol fynd i'r wasg. Ymddangosodd yn *Baner ac Amserau Cymru*, 5 Awst 1953. Prin bod angen yr un nodyn eglurhaol arni!

HEN ŴR

Llwch ar fy llyfrau, minnau ar bwys y grat;
Ni wisgaf spectol ond i weld fy mhlat.

Pa raid it ofni tlodi ym mhen dy rawd?
Nid tlodi a ofnaf, ond fy ngweld yn dlawd.

Pam y cynhyrfa'r pedwar ugain oed?
Aeth croten heibio a dawns ei phais a'i throed.

NODIADAU

Ceir ymdriniaethau cyffredinol â barddoniaeth Saunders Lewis gan D. Gwenallt Jones yn *Saunders Lewis, ei feddwl a'i waith*, gol. Pennar Davies (Dinbych: Gwasg Gee, 1950), 65–77; gan Gwyn Thomas yn *Presenting Saunders Lewis*, goln. Alun R. Jones a Gwyn Thomas (Caerdydd: Gwasg Prifysgol Cymru, 1973), 106–111; gan Pennar Davies yn *Saunders Lewis*, goln. D. Tecwyn Lloyd a Gwilym Rees Hughes (Llandybïe: Christopher Davies, 1975), 168–77; gan Bruce Griffiths, *Saunders Lewis* (Caerdydd: Gwasg Prifysgol Cymru, 1979), 106–13 a chan Medwin Hughes, 'Cerddi Saunders Lewis', *Barn*, 301 (Chwefror, 1988), 38–41, *ib.* 302 (Mawrth, 1988), 39–41, *ib.* 303 (Ebrill, 1988), 42–3, *ib.* 304 (Mai, 1988), 41–3. Treiddgar fel arfer yw sylwadau Dafydd Glyn Jones, 'Welsh Poetry since the war', *Poetry Wales*, iii. 2 (Summer, 1967), 3–16.

1   LLYGAD Y DYDD YN EBRILL

Cyhoeddwyd gyntaf yn *Y Llenor*, vii. 3 (Hydref, 1928), 136 ac eilwaith yn *Siwan a Cherddi Eraill* (Llandybïe: Llyfrau'r Dryw [, 1956]), 16.

> *Llwybr Llaethog:* y cytser sy'n cynnwys y Cysawd Heulol, Caer Arianrhod.
> *Orïon:* cytser amlwg ger y Llwybr Llaethog.
> *Arctwros:* seren ddisglair, *Arcturus, Alpha Boötis*.
> *Seirios:* seren ddisglair, *Sirius, Alpha Canis Majoris*.

2   I'R SAGRAFEN FENDIGAID

Cyhoeddwyd gyntaf yn *Y Llenor*, xv. 3 (Hydref, 1936), 131–2 ac eilwaith yn *Byd a Betws* (Aberystwyth: Gwasg Aberystwyth, 1942), 20–1.

> *Brummagem:* hen enw Birmingham.
> [*y*] *santes Teresa:* o Lisieux (1873–97).
> *Vogue:* y cylchgrawn ffasiynau merched.
> *Madam Tussaud:* yr arddangosfa ddelwau cwyr, gyda chyfeiriad penodol at y 'Chamber of Horrors'.

3   Y PÎN

Cyhoeddwyd gyntaf yn *Y Llenor*, xviii. 1 (Gwanwyn, 1939), 8 ac eilwaith yn *Siwan a Cherddi Eraill*, 20 [fersiwn diwygiedig].

Gweler sylw Medwin Hughes yn *Taliesin*, 66 (Mawrth, 1989), 43–6.

Orïon: cytser, gweler nodyn 1 uchod.

[y] *Ddraig:* y cytser gogleddig *Draco.*

Cannwyll y Pasg: cannwyll ac iddi ran amlwg yn nefodaeth tymor y Pasg yn yr Eglwys Orllewinol.

4   GOLYGFA MEWN CAFFE
Cyhoeddwyd gyntaf yn *Y Ddraig Goch,* xiv. 12 (Rhagfyr, 1940), 1 ac eilwaith yn *Byd a Betws,* 12. Yn *Y Ddraig Goch* fe'i dyddiwyd 28 Chwefror 1940.
   Great Darkgate Street: prif stryd Aberystwyth.
   Kosher: ansoddair yn disgrifio bwyd Iddewig.

5   I'R DR J. D. JONES, CH
Cyhoeddwyd gyntaf yn *Baner ac Amserau Cymru,* 18 Rhagfyr 1940, ac eilwaith yn *Byd a Betws,* 13.
   Ar y Parch. Ddr J. D. Jones (1865–1942) gweler *Y Bywgraffiadur Cymreig 1941–1950* (Llundain: Anrhydeddus Gymdeithas y Cymmrodorion, 1970), 29. Ymddeolodd o Bournemouth i Landderfel a chyhoeddi hunangofiant, *Three Score Years and Ten,* yn 1940.
   Ymdrinnir â'r gerdd gan R. Geraint Gruffydd, '"I'r Dr. J. D. Jones, CH" Saunders Lewis', *Ysgrifau Beirniadol,* xviii (1992), 240–4.

6   GARTHEWIN
Cyhoeddwyd gyntaf yn *Baner ac Amserau Cymru,* 22 Ionawr 1941, ac eilwaith yn *Byd a Betws,* 16–17.
   Plasty ym mhlwyf Llanfair Talhaearn yw Garthewin, ac R. O. F. Wynne yw ei berchennog. Cafodd amryw o ddramâu Saunders Lewis eu cynhyrchu gyntaf yn Theatr Fach Garthewin.
   Sycharth Owain: plas Owain Glyndŵr yn Llansilin.
   Oporto, Bordeaux: y naill ym Mhortwgal a'r llall yn Ffrainc, cartrefi gwinoedd port a chlared.
   Gwenfrewi: santes a gysylltir (ymhlith mannau eraill) â Gwytherin, ryw wyth milltir o Garthewin.

8   RHAG Y PURDAN
Cyhoeddwyd gyntaf yn *Baner ac Amserau Cymru,* 14 Mai 1941, ac eilwaith yn *Byd a Betws,* 15.

9   I'R LLEIDR DA
Cyhoeddwyd gyntaf yn *Yr Efrydydd,* vi. 4 (Mehefin, 1941), 6 ac eilwaith yn *Byd a Betws,* 22.

Y mae'r gerdd yn gyfan gwbl seiliedig ar hanes Crist yn yr Efengylau, yn arbennig Luc, xxiii, 39–43.

Parthenon: teml Athena yn Athen, prif deml gwlad Groeg ac un o adeiladau harddaf yr hen fyd.

10 Y DILYW 1939

Cyhoeddwyd yn *Byd a Betws*, 9–11.

Ceir ymdriniaeth gyflawn â'r gerdd gan Gruffydd Aled Williams, 'Saunders Lewis: "Y Dilyw 1939"' yn *Trafod Cerddi,* gol. Branwen Jarvis (Caerdydd: Gwasg Taf, 1985), 21–35. Y Dirwasgiad yn Ne Cymru yw mater y caniad cyntaf. Yn yr ail ganiad cyfoethogir y darlun ag elfennau o fytholeg yr hen fyd (a'r dehongliad Cristnogol arno). Defnyddir yr un fytholeg yn gefndir eironig i'r trydydd caniad, sy'n olrhain effeithiau methiant cyfundrefn ariannol y byd diwydiannol (a symboleiddir gan Wall Street yn Efrog Newydd a dinasoedd Basle a Genefa yn yr Yswistir) o 1929 ymlaen.

petai arnynt fawd: ar y llinell hon gweler sylwadau Peredur Lynch, '"Y Dilyw 1939": cyfeiriad pellach', *Barddas,* 135–7 (Gorffennaf/Awst/Medi 1988), 28.

Bruening: Heinrich Brüning (1885–1970), Canghellor democrataidd olaf yr Almaen cyn i Adolf Hitler ddod i rym; gweler *Baner ac Amserau Cymru,* 5 Tachwedd 1941.

Ebro: afon yn Sbaen y bu ei glannau o fis Gorffennaf 1938 ymlaen yn faes brwydr dyngedfennol rhwng byddin y Llywodraeth a lluoedd Ffasgaidd y Cadfridog Francisco Franco. Y Ffasgiaid a orfu.

13 Y GELAIN

Cyhoeddwyd yn *Byd a Betws*, 14.

Daw'r dyfyniad ar ddechrau'r gerdd o ysgrif gan y Prifathro D. Emrys Evans, 'Y Rhyfel a'r Dewis', *Y Llenor,* xx. 2 (Haf, 1941), 69–76; ar t.73 y mae'r frawddeg a ddyfynnir. Trafodwyd yr ysgrif gan Saunders Lewis yn *Baner ac Amserau Cymru,* 13 Awst 1941.

14 PREGETH OLAF DEWI SANT

Cyhoeddwyd yn *Byd a Betws*, 18–19.

Seiliwyd y gerdd ar fuchedd Gymraeg Dewi yn Llyfr Ancr Llanddewibrefi, o'i chyferbynnu â buchedd Ladin gynharach yr Esgob Rhygyfarch (neu Rhigyfarch). Ceir cofnodau ar 'Llyfr Ancr Llanddewibrefi' a 'Rhygyfarch' yn *Cydymaith i*

Lenyddiaeth Cymru, gol. Meic Stephens (Caerdydd: Gwasg Prifysgol Cymru, 1986).

Ymdrinnir â'r gerdd gan R. Geraint Gruffydd, '"Pregeth Olaf Dewi Sant" Saunders Lewis', *Ysgrifau Beirniadol*, xvii (1990), 169–74.

Eifftaidd: yn anialwch yr Aifft y ganed mynachaeth.

Cunedda: gorhendaid Dewi Sant yn ôl yr hen destun achyddol 'Bonedd y Saint'; ef, yn ôl traddodiad, a ddaeth i Wynedd o Fanaw Gododdin a dechrau disodli'r goresgynwyr Gwyddelig.

Teresa: y Santes Teresa o Lisieux (1873–97).

y groten dlawd: y Santes Bernadette (1844–79).

16 Y DEWIS
Cyhoeddwyd yn *Byd a Betws*, 23.

17 Y SAER
Cyhoeddwyd gyntaf yn *Byd a Betws*, 24–5. Y mae fersiwn cynharach yn llawysgrif yr awdur ymhlith papurau'r Esgob Mullins. Heblaw gwahaniaethau mewn atalnodi, ceir y darlleniadau amrywiol canlynol yn y fersiwn hwnnw:

ll.5: ddeuai; ll.21: ddi-wair; ll.66: yn syfrdan a mud.

Gweler Mathew, i, 18–25.

19 HAF BACH MIHANGEL 1941
Cyhoeddwyd yn *Byd a Betws*, 26–7.

Yn ystod haf 1941 yr oedd pethau ar eu duaf o safbwynt y Cynghreiriaid yn yr Ail Ryfel Byd: yng Ngogledd Affrica yr oedd eu byddinoedd dan warchae, yn y Dwyrain Pell yr oedd pryder am fwriadau'r Siapaneaid (ymosodasant 7 Rhagfyr), yn Rwsia yr oedd byddinoedd yr Almaen (a ymosododd 22 Mehefin) yn ennill tir yn gyflym a pheri colledion enfawr, ac yr oedd bomwyr nos y Luftwaffe yn creu difrod difrifol yn ninasoedd Prydain, gan gynnwys Abertawe a Chaerdydd.

[Yr] Haeddel Fawr: cytser yr Aradr, *Ursa Major.*

Wlysses: fel yr adroddir ei hanes gan Dante yn *Inferno*, xxvi.

gyda Diomed: yn Uffern.

21 DAWNS YR AFALLEN
Cyhoeddwyd yn *Baner ac Amserau Cymru*, 24 Mai 1943, ac eilwaith yn *Siwan a Cherddi Eraill*, 17.

[m]erched Atlas: cyfeiriad at un o gampau'r arwr Groegaidd Heracles.

22 T. GWYNN JONES

Cyhoeddwyd yn *Baner ac Amserau Cymru,* 2 Awst 1944.

Ceir cofnodau ar T. Gwynn Jones (1871–1949), Cynddelw Brydydd Mawr a Gwyn ap Nudd yn y *Cydymaith i Lenyddiaeth Cymru.*

24 MAIR FADLEN

Cyhoeddwyd gyntaf yn *Yr Efrydydd,* ix. 3 (Hydref, 1944), 2–3 (dan y teitl 'Mair Fadlen II') ac eilwaith yn *Siwan a Cherddi Eraill,* 24–6

Ceir ymdriniaethau cyflawn â'r gerdd gan R. Geraint Gruffydd, 'Mair Fadlen (Saunders Lewis)' yn *Llên Ddoe a Heddiw,* gol. J.E. Caerwyn Williams (Dinbych: Gwasg Gee, 1964), 44–50, a chan Bobi Jones, 'Cerdd fwya'r ganrif?', *Barddas,* 142 (Chwefror, 1989), 8–12.

Daw'r dyfyniad ar ddechrau'r gerdd o Ioan, xx, 17. Yn ogystal â'r hanes yn yr Efengylau, cyfeirir at chwedloniaeth gwlad Groeg a hefyd (tua'r diwedd) at *Paradiso* Dante.

26 AWDL I'W RAS, ARCHESGOB CAERDYDD

Cyhoeddwyd gyntaf yn *Efrydiau Catholig,* i (1946), 10–11 ac eilwaith yn *Siwan a Cherddi Eraill,* 10–11.

Yr Archesgob a folir yw Michael Joseph McGrath (1882–1961). Bu'n Esgob Mynyw 1935–40 ac yn Archesgob Caerdydd 1940–61.

Yn *Efrydiau Catholig* ychwanegwyd rhai nodiadau ar eiriau a'r nodyn mydryddol canlynol:

'Y mesur yw englyn Unodl Union + Byr-a-thoddaid, gyda thri churiad yn y llinell wyth sillaf, ond unwaith er mwyn gwrthdrawiad bwriadol yn y pennill olaf. Gweler *Cerdd Dafod* [J. Morris-Jones], tud.371.'

Ceir ymdriniaeth gryno â'r awdl gan R. Geraint Gruffydd, 'Canu'r athrawiaeth . . .', *Diwinyddiaeth,* xxxiv (1983), 1–6.

gwlad Teilo: tiriogaeth draddodiadol Teilo, y sant o'r chweched ganrif, a oedd yn cyfateb yn fras i Archesgobaeth Caerdydd.

Ffreud: Sigmund Freud (1856–1939), y seiciatrydd enwog o Fienna ac un o grewyr y meddwl modern.

llurig Padrig: gweddi draddodiadol enwog a briodolir i Sant Padrig.

merch Ann: y Forwyn Fair.

28 EMMÄWS

Cyhoeddwyd gyntaf yn *Yr Efrydydd,* x. 1 (Haf, 1946), 4 ac eilwaith yn *Siwan a Cherddi Eraill,* 22.

Ceir trafodaeth fer ar y gerdd gan Harri Pritchard Jones, 'Cerdd yn y cof', *Y Faner,* 27 Gorffennaf 1984.

Gweler yr hanes yn Luc, xxiv, 13–35.

29 MABON

Cyhoeddwyd gyntaf yn *Yr Efrydydd,* x. 1 (Haf, 1946), 5 ac eilwaith yn *Siwan a Cherddi Eraill,* 23.

Ceir cofnodau ar 'Mabon fab Modron' ac 'Arthur' yn y *Cydymaith i Lenyddiaeth Cymru.*

Gweler sylw Bobi Jones yn *Barn,* 52 (Chwefror, 1967), 90–1.

30 CAER ARIANRHOD

Cyhoeddwyd yn *Y Ddraig Goch,* xxi. 3 (Mawrth, 1947), 1.

Ceir y traddodiad am gyfarfyddiad Owain Glyndŵr ag Abad Glyn-y-groes gan J. Gwenogvryn Evans, *Report on Manuscripts in the Welsh Language* (Llundain, 1898–1910), i, 221.

Caer Arianrhod: y Llwybr Llaethog.

31 MARWNAD SYR JOHN EDWARD LLOYD

Cyhoeddwyd gyntaf yn *Efrydiau Catholig,* iii (1948), 3–5 (dan y teitl 'Marwnad i Syr John Edward Lloyd, Hanesydd Cymru Gatholig') ac eilwaith yn *Siwan a Cherddi Eraill,* 13–15.

Ceir cofnodau ar Syr John Edward Lloyd (1861–1947), awdur *A history of Wales from the earliest times to the Edwardian Conquest* (Llundain: Longmans, 1912), yn *Y Bywgraffiadur Cymreig 1941–1950* a'r *Cydymaith i Lenyddiaeth Cymru.*

Ceir ymdriniaethau manwl â'r gerdd gan Ceri Davies, 'Marwnad Syr John Edward Lloyd a Fyrsil, Aeneid VI', *Llên Cymru,* xii (1972–9), 57–60 a John Rowlands, '"Marwnad Syr John Edward Lloyd" gan Saunders Lewis' yn *Bardos,* gol. R. Geraint Gruffydd (Caerddd: Gwasg Prifysgol Cymru, 1982), 111–27; gweler hefyd nodyn Tim Saunders, 'Pesgi llygod', *Y Faner,* 18 Hydref 1991.

Er mai *Aeneid VI* Fyrsil sy'n rhoi i'r gerdd ei fframwaith, o *History of Wales* J. E. Lloyd y daw'r cynnwys ac fe gyfeirir at y cadfridog Rhufeinig Agricola, sant Celtaidd, Gruffudd ap Cynan, Siwan wraig Llywelyn Fawr, Llywelyn ap Gruffudd, Dafydd ap Gruffudd ac Owain Glyndŵr.

34 PURAF A THISBE

Cyhoeddwyd gyntaf yn *Baner ac Amserau Cymru,* 22 Rhagfyr 1948, yna yn *Siwan a Cherddi Eraill,* 27–30, ac yn olaf (gyda'r testun Lladin gyferbyn) yn *Cerddi o'r Lladin,* gol. J. Gwyn Griffiths (Caerdydd: Gwasg Prifysgol Cymru, 1962), 68–73.

37 MARWNAD THOMAS GWYNN JONES

Cyhoeddwyd yn *Siwan a Cherddi Eraill,* 12 (dan y teitl 'Marwnad Thomas Gwynn Jones, 1950') ond awgrymir yn Rhagair y gyfrol honno i'r gerdd ymddangos cyn hynny mewn cyfnodolyn. Hyd yn hyn methwyd â dod o hyd iddi.

Gweler nodyn 22 uchod. Cyfeirir yn helaeth yn y cywydd at brif weithiau barddonol T. Gwynn Jones.

38 DIFIAU DYRCHAFAEL

Cyhoeddwyd gyntaf yn *Baner ac Amserau Cymru,* 7 Mehefin 1950, ac eilwaith yn *Siwan a Cherddi Eraill,* 21.

Gweler sylwadau Bobi Jones yn *Barn,* 52 (Chwefror, 1967), 90–1, Dorothy Wood yn *Y Genhinen,* xxv (1974–5), 120–3 a Medwin Hughes yn *Taliesin,* 66 (Mawrth, 1989), 43–6.

39 LLEUAD MEHEFIN

Cyhoeddwyd yn *Y Ddraig Goch,* xxiv. 8 (Awst, 1950), 1.

40 I'R DDRAIG GOCH AR BEN CHWARTER CANRIF.

Cyhoeddwyd yn *Y Ddraig Goch,* xxv. 6 (Mehefin, 1951), 1.

[Y] *Ddraig Goch:* misolyn Plaid Genedlaethol Cymru, a gyhoeddwyd gyntaf fis Mehefin 1926.

hwyl Machynlleth: yno y cynhaliwyd Ysgol Haf gyntaf y Blaid Genedlaethol, Awst 1926.

llanc o'r Sorbonne: W. Ambrose Bebb (1894–1955), golygydd cyntaf *Y Ddraig Goch.*

H.R.: H. R. Jones (1894–1930), Ysgrifennydd cyntaf y Blaid Genedlaethol: bu farw o'r darfodedigaeth.

41 LAVERNOCK

Cyhoeddwyd gyntaf yn *Baner ac Amserau Cymru,* 24 Mehefin 1953, ac eilwaith yn *Siwan a Cherddi Eraill,* 18.

Penrhyn yn ymwthio i Fôr Hafren ryw ddwy filltir i'r de o Ben-arth yw Lavernock.

42 NODIADAU MIS AWST, 1953
Cyhoeddwyd gyntaf yn *Baner ac Amserau Cymru,* 9 Medi 1953, ac eilwaith yn *Siwan a Cherddi Eraill,* 19.
Y Gegwen: Y Llwydfron, 'Whitethroat', *Sylvia communis.*
Vanessa Io: un o'r harddaf o'r gloynnod byw.

43 SENEDD I GYMRU
Cyhoeddwyd yn *Siwan a Cherddi Eraill,* 9.
Y cefndir yw'r ymgyrch aml-bleidiol dros Senedd i Gymru rhwng 1949 a 1956. Yn 1955 ceisiodd S. O. Davies, AS Llafur Merthyr Tudful, ddwyn Mesur Aelod Preifat gerbron y Senedd yn caniatáu peth hunan-lywodraeth i Gymru, ond ychydig o gefnogaeth a gafodd. Ymhlith ei wrthwynebwyr yr oedd Ness Edwards ac Aneurin Bevan, ASau Llafur Caerffili a Glyn Ebwy.

44 ENGLYNION Y CLYWED
Cyhoeddwyd yn *Tafod y Ddraig,* 18 (Chwefror, 1969), 1.
Y cefndir yw Arwisgiad y Tywysog Siarl yng Nghastell Caernarfon fis Gorffennaf 1969, a'r gwleidyddion y cyfeirir atynt yw Is-iarll Tonypandy, yr Iarll Wilson, yr Arglwydd Elystan-Morgan, Dr Gwynfor Evans, yr Arglwydd Cledwyn a'r diweddar Arglwydd Goronwy-Roberts.
Y mae cofnod ar 'Englynion y Clyweit', y ffurf a barodiir gan Saunders Lewis yma, yn y *Cydymaith i Lenyddiaeth Cymru.*

45 DYCHWELYD
Cyhoeddwyd gyntaf yn *Y Traethodydd,* cxxv. 535 (Ebrill, 1970), 57 ac eilwaith yn *Cerddi '70,* gol. Bedwyr Lewis Jones (Llandysul: Gwasg Gomer, 1970), 51.
Ceir ymdriniaeth â'r gerdd gan Eifion Lloyd Jones yn *Y Dyfodol,* 7 Rhagfyr 1970, 7.

46 MAI YN YR ARDD
Cyhoeddwyd gyntaf yn *Y Traethodydd,* cxxv. 537 (Hydref, 1970), 189 ac eilwaith yn *Cerddi '71,* gol. James Nicholas (Llandysul: Gwasg Gomer, 1971), 78.

47 ET HOMO FACTUS EST. CRUCIFIXUS . . .
Cyhoeddwyd gyntaf yn *Y Traethodydd,* cxxvii. 542 (Ebrill, 1972), 59 ac eilwaith yn *Cerddi '72,* gol. J. Eirian Davies (Llandysul: Gwasg Gomer, 1972), 86. Daw'r teitl o Gredo Nicea.

Caiaffas: archoffeiriad yr Iddewon pan groeshoeliwyd Crist; teip y crefyddwr.

Teiresias: gweledydd Groegaidd; teip y gŵr doeth.

48 PLENTYN SIAWNS
Cyhoeddwyd yn *Cerddi '72,* 87.

Marx: Karl Heinrich Marx (1818–83), sylfaenydd Comiwnyddiaeth.

Teilhard de Chardin: Pierre Teilhard de Chardin SJ (1881–1955), a geisiodd gysoni Esblygiaeth a Christnogaeth.

49 MAI 1972
Cyhoeddwyd gyntaf yn *Y Traethodydd,* cxxvii. 543 (Gorffennaf, 1972), 131 ac eilwaith yn *Cerddi '73,* gol. R. Geraint Gruffydd (Llandysul: Gwasg Gomer, 1973), 76.

Twtancamûn: y ffaro o'r Hen Aifft y darganfuwyd ei feddrod ysblennydd yn 1922.

50 BAWCIS A PHILEMON
Cyhoeddwyd gyntaf yn *Trivium,* viii (1973), 37–9 ac eilwaith (gyda dau gywiriad) yn *Cerddi '73,* 77–81.

Mewn llythyr yn caniatáu ailgyhoeddi'r cyfieithiad, gwnaeth Saunders Lewis y sylw canlynol:

'Yr hyn sy'n mynd ar goll wrth gyfieithu Ofydd yw hiwmor neu ddigrifwch ei gyfeiriadaeth, megis "un ŵydd a oedd iddynt, gwarcheidwad eu treftad".' (NLW Misc. Records 528)

53 GWEDDI'R TERFYN
Cyhoeddwyd gyntaf yn *Y Traethodydd,* cxxviii. 549 (Hydref, 1973), 241 ac eilwaith, wedi'i diwygio'n bur helaeth, yn *Cerddi '74,* gol. T. Gwynn Jones (Llandysul: Gwasg Gomer, 1974), 63; corfforwyd un diwygiad pellach yn y fersiwn a argreffir yma ar sail copi a adawyd ymhlith papurau Saunders Lewis.

Daw'r dyfyniadau o Ioan, xiv, 2 ac o Gredo'r Apostolion.

Bu cryn drafod ar y gerdd pan ymddangosodd, yn fwyaf arbennig gan yr Athro D. Z. Phillips mewn tair erthygl yn *Y Tyst,* 2 Mai 1974, 9 Mai 1974 a 23 Mai 1974. Atebwyd yr Athro Phillips gan Saunders Lewis mewn nodyn pwysig yn *Y Tyst,* 13 Mehefin 1974, lle y cyfeiria at ddylanwad diwinyddion cyfriniol yr Almaen a'r Isalmaen yn y bedwaredd ganrif ar ddeg ar feddwl y gerdd.

54 BREUDDWYD
Cyhoeddwyd yn *Y Traethodydd,* cxxxi. 561 (Hydref, 1976), 187.

Wrth droed y gerdd ychwanegodd Saunders Lewis y nodyn hwn:
'Ni fedraf egluro dim ar y freuddwyd. Blwyddyn sâl am win oedd 1951 ac ni wn i heddiw am yr Illyrii ond yr enw. Ond deffroes y freuddwyd fi a medrais ei chroniglo fel y mae uchod oddieithr imi chwanegu'r ansoddair er mwyn cael odl derfynol.'
Trigolion Illyricum tua'r dwyrain a'r gogledd o'r Môr Adriatig oedd yr Illyrii. Concrwyd hwy gan Rufain 167 CC. Ystyr y frawddeg Ladin yw 'Gwyn fyd yr Ilyriaid, y rhai nad ydynt'.

55 PAUL SCARRON 1610–1660
Cyhoeddwyd yn *Y Faner,* 26 Hydref 1979; diwygiwyd y testun a argreffir yma ar sail copi, wedi'i ddyddio 20 Hydref 1979, a adawyd ymhlith papurau Saunders Lewis.

56 CYFARCH
Cyhoeddwyd yn *Y Faner,* 15 Chwefror 1980.

Y cefndir yw'r ymgyrch i sicrhau sianel deledu Gymraeg. Gwnaethpwyd difrod i drosglwyddydd teledu gan y Parch. Brifathro Pennar Davies, Dr Meredydd Evans a Mr Ned Thomas ac fe'u dirwywyd yn drwm. Ned Thomas oedd golygydd y cylchgrawn *Planet.*

57 GAIR AT Y CYMRY
Cyhoeddwyd yn *Y Faner,* 4 Ebrill 1980. Mewn drafft cynnar ymhlith papurau Saunders Lewis, ychwanegwyd y llinell ganlynol rhwng y drydedd a'r bedwaredd linell o'r diwedd:
'Er lleied, er salwed ei gwedd.'
Am y cefndir, gweler y nodyn ar y gerdd flaenorol.

60 AVE MARIS STELLA
Cyfieithiad o emyn Lladin poblogaidd i'r Forwyn Fair a gyfansoddwyd yn y nawfed ganrif. Cyhoeddwyd yn rhannol yn *Buchedd Garmon* [,] *Mair Fadlen* (Aberystwyth: Gwasg Aberystwyth, 1937), 30 ac yn gyflawn yn *Emynau Mynyw* (Wrecsam: Hughes a'i Fab [, 1938], rh.25; ailgyhoeddwyd yn y *Casgliad Catholig o Emynau Cymraeg* (Rhos-llannerchrugog: y Cylch Catholig [, 1961]), rh.31.

61 AVE VERUM CORPUS
Cyfieithiad o emyn Lladin a gyfansoddwyd tua 1300 ac a gysylltid fel arfer â gwasanaeth y Sagrafen Fendigaid. Cyhoeddwyd gyntaf yn *Emynau Mynyw*, rh.9, ac eilwaith yn y *Casgliad Catholig*, rh.24.

62 TANTUM ERGO
Cyfieithiad o ddau bennill olaf emyn Ewcharistig Sant Thomas o Acwino, 'Pange Lingua Gloriosi', a genir ar ddiwedd gwasanaeth Bendith y Sagrafen Fendigaid. Cyhoeddwyd gyntaf yn *Emynau Mynyw*, rh.14, ac eilwaith yn y *Casgliad Catholig*, rh.43.

63 AVE REGINA CAELORUM
Cyfieithiad o emyn Lladin i'r Forwyn Fair a gyfansoddwyd yn y ddeuddegfed ganrif ac a fu'n ffefryn ymhlith cerddorion eglwysig. Cyhoeddwyd gyntaf yn *Emynau Mynyw*, rh.26, ac eilwaith yn y *Casgliad Catholig*, rh.30.

64 DIC MARIA I
Cyfaddasiad rhannol o garol Ladin y methwyd â dod o hyd iddi, er bod y teip yn weddol gyffredin yn emynyddiaeth Ladin yr Eglwys Orllewinol o'r unfed ganrif ar ddeg ymlaen: gweler F. J. A. Raby, *History of Christian Latin Poetry* (Rhydychen, 1953), 217–18. Cyhoeddwyd gyntaf yn *Amlyn ac Amig* (Aberystwyth: Gwasg Aberystwyth, 1940), 18–19 ac eilwaith yn y *Casgliad Catholig*, rh.3.

65 STILLE NACHT
Cyfaddasiad rhannol o'r garol Almaeneg enwog a gyfansoddwyd gan y Tad Joseph Mohr yn 1818. Cyhoeddwyd gyntaf yn *Amlyn ac Amig*, 42 ac eilwaith yn y *Casgliad Catholig*, rh.7.

66 RHOSYN DUW
Carol a gyfansoddwyd gan Saunders Lewis i'w gosod ar gerddoriaeth gan Grace Williams; y gyfansoddreg ei hun a luniodd y fersiwn Saesneg cyfatebol. Fe'i cyhoeddwyd gyntaf dan y teitl *The Flower of Bethlehem* [,] *A Christmas Carol (Carol Nadolig)* gan Wasg Prifysgol Rhydychen yn 1958 ac eilwaith gan Wasg Gwynn, Pen-y-groes, Arfon yn 1983.
  Adda . . . Iesse: cyfeiriad at ddisgynyddiaeth Crist drwy Ddafydd fab Jesse o Adda, yn cynnwys adlais o'r hen gred

fod pren y Groes wedi tyfu o hedyn yng ngenau Adda.

O, Sibila: cyfeiriad ebychiadol at y broffwydes o Cumae y ceir ei horacl ym Mhedwaredd Fugeilgerdd Fyrsil, a ddehonglwyd fel proffwydoliaeth am enedigaeth Crist.

Melchior: enw traddodiadol un o'r Doethion a ddaeth ag anrhegion i'r Crist newydd-anedig yn ôl Mathew, ii, 1–12; o'r chweched ganrif ymlaen y ceir Gaspar, Melchior a Balthasar yn enwau ar y Doethion.

Fyrsil: sef Publius Vergilius Maro (70-19 CC), awdur y Bugeilgerddi, y Georgica (cerdd ar Amaethyddiaeth) a'r Aeneid; ar sail y Bedwaredd Fugeilgerdd (gw. y nodyn uchod ar *O, Sibila*) daethpwyd i ystyried ei fod yn Gristion cyn ei amser.

Bwdha: sef y dysgawdwr crefyddol Siddhartha Gautama a oedd yn byw yn yr India yn y chweched ganrif Cyn Crist. Gellid ystyried fod rhai agweddau ar ei ddysgeidiaeth yntau, e.e. ar weddi, yn cyfeirio ymlaen at Gristnogaeth.

Eia Jesu: y Lladin am 'henffych Iesu' neu'r cyffelyb.

67 O SALUTARIS HOSTIA

Cyfieithiad o ddau bennill olaf emyn Sant Thomas o Acwino, 'Verbum Supernum Prodiens', a genir ar ddechrau gwasanaeth Bendith y Sagrafen Fendigaid. Cyhoeddwyd yn y *Casgliad Catholig*, rh.42

68 O! GALON CRIST

Emyn gwreiddiol i'r Galon Ddwyfol a gyhoeddwyd yn ddienw yn y *Casgliad Catholig*, rh.28. Yn angladd Saunders Lewis dadlennodd yr Esgob Mullins mai ef oedd ei awdur. Gadawyd y treigladau fel yr oeddynt yn y fersiwn gwreiddiol.

69 DIC MARIA II

Emyn gwreiddiol (ond cymharer nodyn 64 uchod) a gyhoeddwyd gyntaf yn *Y Llan*, 4 Ebrill 1980, ac a gyflwynir yma mewn fersiwn cywiredig a ddarganfuwyd ymhlith papurau Saunders Lewis.